イン・マイ・ライフ

サミー高橋

はしがき

　『きっと君にもできる—英語でつかんだ私の夢』を出版してから11年が経ちます。その後、4年前に『自分を生きれば道は開ける—内なる声の導き』を出し、今回は1冊目の改訂版を出すに当たって新たに12編を付け加えました。

　1冊目は英語がテーマであったのに対し、2冊目はスピリチャルな体験が中心でした。そして今回は自分の歴史の多くを書いた1冊目の本に、最近の体験を加えました。それはマヤ暦が終わった後に加速度的に顕著になってきた引き寄せの法則で起こっている出来事がテーマとなっています。

　小さな頃から一生懸命に生きてきて、気がつくと60代の半ばを過ぎている自分がここにいます。50歳を過ぎた頃からなぜか、自分のミッションは無償の愛と人を許すことを世界中のできるだけ多くの人たちに身をもって伝えることだと思い出しました。これからどんな人生が待っているかはわかりませんが、また4、5年した時に新しいチャプターが加わるといいなと思います。フィクションのようなストーリーがいくつもありますが、すべて私の実体験に基づくものです。ここまでの人生、本当にたくさんの人たちとの素晴らしい出会いに恵まれました。ここまで自由に生きてきた私を支えてくれた家族や友人たちに感謝の意を表します。

2017年12月20日

サミー高橋

目　　次

はしがき

第1章　　印象的な出来事（10代〜20代前半）

第2章　　多感な留学時代（20代）

第3章　社会に身を置いて（20代後半〜 30代）

第 1 章

印象的な出来事（10代〜20代前半）

英語の先生との衝撃的な出会い

　村上龍氏の著作『13歳のハローワーク』。そこで村上氏は「人は13歳くらいのときに漠然と将来自分が何をしたいのかがわかってくる」と語っています。村上氏は言います。職業に関して、この世の中には2種類の人しかいない。それは「好きなことを仕事にしている人」と「好きではないことを仕事にしている人」であると。そのことに私は共感を覚えます。

　私の場合もやはり13歳頃に将来、英語の方面へ進むことはそれとなくわかっていたように思います。その強力な動機を与えてくださったのは、中学時代3年間、英語の担任であった宇佐美俊次（うさみ・としつぐ）先生でした。

生徒をとりこにした宇佐美先生

　宇佐美先生はイケメンで、英語はネイティブ・スピーカーのように流暢でした。授業中、先生は気迫に満ちていて、私たちはいつ指名されるかわからない緊張感がありながらも、ぐいぐいと新しい英語の世界に引き込まれていきました。みんなスポーツに熱中するように先生の魅力あふれる授業のとりこになっていたのです。30代でバリバリの宇佐美先生はスポーツ万能でもありました。野球少年だった私は中1の頃、野球部に所属していましたが、放課後に野球部の練習をし

ていると、宇佐美先生がサングラスをかけてさっと入ってきて見事なプレーをするのです。中学2年の時に私は卓球部に転部しましたが、そこでもやはり宇佐美先生は時々ふらりと部活動を訪れては、鮮やかなプレーを見せて私たちを驚かせては立ち去って行きました。

「輝いている人」と言ったら良いのでしょうか。宇佐美先生は黄色い歓声を上げる女子生徒の憧れの的だっただけでなく、男子生徒からも絶大な人気のある先生でした。そんな先生が私のことをいつも「ナツキ!ナツキ!」と呼んでは、さまざまなことに誘い出してくださいました。「ナツキ」とファーストネームで私のことを呼んでくださる方は、後にも先にも家族以外では宇佐美先生ひとりでした。先生が私に目をかけてくださったおかげで、多くの経験をさせていただきました。

中学1年の英語は全クラスが宇佐美先生の担当でしたが、中学2年からは私のクラスだけとなりました。中学2年から女の先生となったクラスでは、宇佐美先生とのギャップに不満を持ち、その女の先生は、生徒から総スカンを食らい、自信をなくして教師を辞めてしまったほど、宇佐美先生の影響力は大きなものでした。

宇佐美先生がどうしてそんなに英語がうまいのかは疑問でしたが、父兄懇談の時に私の母が

「息子から先生は英語がお上手と聞いていますが、先生はどこのご出身ですか?」

と尋ねたところ、先生は

「アメリカからの引き揚げで」

と答えました。アメリカで生まれ育ち、太平洋戦争が終わってから日本に移り住んだ方のようでした。先生の英語の実力についても興味津々の私たちは、修学旅行で富士五湖に行った際、遊覧船の船中で外国人客と出会い、そのとき宇佐美先生が流暢な英語で外国人と話している姿を目の当たりにして、また深く納得したのでした。

先生を信頼して

そのような宇佐美先生のもとで、私はどんどん英語が好きになりました。私の小学校時代は野球をするばかりで、勉強に関しては先生から相手にされていませんでした。それで「英語ならばみんな中学からスタートする。巻き返しを図れるのは唯一英語だけだ……」そうした思いも私を英語に駆り立てました。母からはよく「そんな英語だけ勉強していても、いい会社に入れませんよ。他の科目ももっと勉強しなければ」と言われていましたが、とにかく英語が好きだったので一生懸命勉強し、英語は一番得意な科目となりました。そして英語は私に新しい世界を開いてくれたのでした。

高校進学を決める際、中学3年のクラス担任の意見や職員会議の場では、「大学に進学するのであれば、地元の公立校に行くのが良い」という結論が出されました。ですが宇佐美先生は、私に私立校への進学を勧めました。私は「この先生だったら100パーセントついていける」と絶大な信頼を宇佐美先生に置いていましたので、クラス担任は反対しましたが、私立校を受験することにしました。

　その高校は関西大学第一高等学校というところで、高校から大学はエスカレーター式に進学できる学校でした。入学試験の際、宇佐美先生は私と一緒に試験会場へ付いていってくださいました。そして校内に入った時、先生は「ここは僕の母校なんだ」と初めて打ち明けてくれました。

　現在英語を生業としている私に、英語の扉を開いてくださった宇佐美先生に、今お会いできたら「ありがとうございました」と深くお礼申し上げたい気持ちです。

存在感の大きかった中学校の先生たち

　私を英語大好き少年に変身させた宇佐美先生ほど中学、高校時代の私にインパクトを与えた先生はいませんでしたが、もう3人、ぜひとも紹介したい先生がいます。

正義を堅持する力——迫田先生

　迫田先生は鹿児島出身の21歳。目のくりっとしてお茶目な女性の体育の先生で、中学1年の時の担任でした。

　私が中学2年の時に、周りの勧めで副会長に立候補して当選し、その生徒会の顧問だった迫田先生と再び接点ができました。先生は、生徒会役員の私たちにこう提案しました。

　「何かみんなでしなさいよ。何か学校の中で不合理なことはない？変えてみたいことはない？」

　その時、私は普段思っていたことを口にしました。

　「なんで男はみんな丸坊主なんですか？」

　すると先生は

　「じゃあ、みんなで長髪の運動を起こしたら？」

　と提案してくださったのです。それから早速生徒会で問題を提起し、全校生徒たちに丸坊主の規則撤廃への賛否を問う投票を行いました。

結果、賛成票が規定の数以上に集まり、そこから市の教育委員に規則撤廃を要請し、さらに大阪府の委員会にもっていき、自分たちの役員任期中に撤廃を実現してしまったのです。実に大きなやりがいを感じた経験でした。

　迫田先生は、いつでも正しいことを貫くのが大事だと、ずっと活動の後押しをしてくれました。普通いくら生徒の考えが正しいとは思っても、先生という立場で、学校という組織に属しながらそれを支援するのはなかなかできないことだと思います。迫田先生はとても勇気のある先生だったのです。

　中学でいきなりこのような先生と出会えたのはラッキーでした。しかも2年生の担任はカッコイイ宇佐美先生でしたから、先生方がみんなでバトンタッチして私を力強くサポートしてくれた気がします。

人生への洞察—千々岩先生

　私は宇佐美先生の影響で英語の勉強をがんばり、それで英語の力が伸びてくると「他の教科ももうちょっと」と欲が出てきました。国語の担任の千々岩先生は、色白のきれいな先生でした。それで国語を伸ばしたい気持ちに先生に注目されたい気持ちも混じって、予習らしきことをしようと思い立ちました。とは言っても、もともと勉強をしないほうなので、国語のトラの巻を買って、答えを写して授業に臨んだのです。そしてある日の授業。問題の答え合わせをしていたら、先生と自分が写してきた答えが違っていました。「あっ、この先生

14

大したことないや」と心の中で思いながら、授業が終わると先生に言いにいきました。ちなみに問題は「作者はこの箇所をどのような思いで書いたのか」といったタイプのものでした。

「先生、このところ、答え違いますよね」

すると千々岩先生は言いました。

「ねえ、いい？　高橋君？　答えは必ずしもひとつじゃないのよ」

その返答はいつもの先生からすると意外なものでした。間違いを見つけて得意になっていた自分でしたが、先生の返答を聞いて「あっ、それでいいんだ」と不思議と納得したのです。

「答えは必ずしもひとつじゃないのよ」

この言葉にはカッコ書きで（人生には）という含みがあるように感じました。聞いてすぐにそう気がつきました。そんな深い人生への示唆を当時14歳ほどの私に伝えてくれた。どうせ子供だからわからないだろうと諦めてしまわずに。私はすごいことを教えてもらったと思いました。

　学校の先生以外にも師と言える人たちには、人生でたくさん出会ってきていますが、中学の先生たちの言葉が、その後の自分の人生に生きていることを今になってしみじみ思います。

ただ者でなかった平野先生

　千々岩先生と私のヒーローの宇佐美先生の二人のことは、校内ではちょっとした噂となっていました。宇佐美先生は朝早く学校に来て、書道の先生でもあった千々岩先生から書道を習っていたのです。

　私が卒業後しばらくしてから学校を訪ねてみると、宇佐美先生は転勤になっていました。そこで職員室にいた平野先生に真相を聞いてみようと思いました。平野先生は私が3年生から在籍した卓球部の顧問でした。失礼ながら、先生はうだつの上がらない感じで、卓球もさっぱり。なんとも頼りない印象だけが残っていました。

　「先生、宇佐美先生は千々岩先生と不倫でもされていたんですか？よくない噂を聞きましたけど」

　この時私が予想していたのは「あの先生バカだよな。奥さんもいるのに」といった答えでした。しかし平野先生はこう言ったのです。

　「高橋君。君が宇佐美先生のことを尊敬しているのだったら、一切そんなこと考えなくていいよ」

　この言葉に私は爽快な気持ちになりました。「先生、いいことを言うじゃないか──」すっかり先生のことを見直しました。

　中学の先生たちには存在感がものすごくありました。それに比べて高校の先生たちは平凡なサラリーマンという感じだったので、ひときわ中学校の先生たちが光って見えます。

小学4年生で体験した社会の矛盾

　銀行員の父の転勤と共に、私は小学1年生の時に私が生まれた東京・吉祥寺から富山県富山市の小学校に転校になりました。冬になるとたくさんの雪に閉ざされ、朝は雪かきをしないと学校へ行けないような重苦しい冬をそこで経験しました。辺りは農業主体の地域であり、とても保守的で教育熱心な土地柄でもありました。

　私はとにかく野球少年でしたから、母が私に野球のユニフォームを作ってくれて、それを着て休みの日や放課後は野球に明け暮れていました。左投げで背番号は1。しゃかりきになってプレーをする私に、みんなも喜んでついてきてくれました。それでますます張り切ってみんなをリードして毎日夢中になって遊んでいました。勉強はだめでしたが、どうやら人望はあったようです。

　小学4年生の時のクラス担任は茶木（ちゃのき）先生という女性の先生でした。学級委員長は、運動は今ひとつだけれど勉強ではいつもトップの森本君と決まっていました。森本君はお父さんが「森本薬局」を経営していて、その頃出たての大きなテレビをいち早く学校に寄付するようなお金持ちの家庭の子どもでした。当時におけるテレビはまだ庶民にとって高嶺の花でした。

　4年生の2学期になって学級委員長を選ぶという時、クラスのみんなの推薦で、候補者のひとりに私の名前が上がりました。

もちろん森本君もこれまでずっと学級委員長をしてきており、今回も候補者です。何人もの子が私に「投票の時、お前を選ぶ」と言ってきました。投票の結果が出てみると、投票数で私が森本君を上回っていました。学級委員長は私に決定、とみんなが思ったその時、茶木先生がこう言いました。

　「高橋君が投票では数が多かったけれど、今学期もこれまで通り森本君に学級委員長になってもらいましょう」

　私は「学級委員長になりたい」とは全く思ってはいなかったので、特別悔しいとは思いませんでした。ですが、お金持ちの家が大事にされるという状況に接して、社会の矛盾を強く感じたのでした。

　その2カ月後、再び父の転勤で私たち家族は大阪に引っ越すことになりました。結果的には、私が学級委員長となっても途中で交替しなければならなかったと言えます。しかしながら、10歳だった私の胸にはどうにも釈然としない思いが残ったのでした。

母が教えてくれたこと

小学生の頃、私は野球ばかりして勉強はからっきしだめでしたが、自分で言うのは何ですが、人気者なところがあって仲間を率いては遊んでいました。そして通信簿には「協調性」の項目が5段階の1か2、「リーダーシップ」は一番良いといった具合でした。

そんな私は小学6年の時に、何かの拍子に万引を覚えました。プラモデルや漫画雑誌を店からこっそり持って帰ってくるのです。ある日、近所の本屋から少年雑誌を万引することに成功して「ざまあみろ。誰にもばれていない」といい気になって家に帰りました。

夕食の支度をする母が玉ねぎを刻みながら、近くにいた私の顔を見ずにこう言いました。

「大竹書店の奥さんね。最近、近所の子が来て万引していくそうなんだけど、その子たちのお母さんを知っているから見て見ぬふりをしているそうよ」

私は心中ドキっとし、その言葉には返事をしませんでした。

もし母が「本屋からお宅のお子さんが万引したと電話がかかってきたわよ」と言ったなら、私は「お母さん、僕のこと信じているよね。僕、絶対しないからね」と言おうと心の中で準備していました。しかし、母はそうは言いませんでした。私が万引をしたのはそれが最後でした。

周りでは中学3年くらいから万引を始めていましたが、その頃私はそうした友人たちに「そんなつまらないこと止めろよ」と止めに入るようになっていました。

心配性だった母

　私にとっての母について、少しお話しします。

　母はとても心配性な人でした。私が「川へ行く」と言えば、「溺れるから止めなさい」と言い、「自転車で遠くへ出かける」と言えば、「車に轢（ひ）かれるから止めなさい」という人でした。ですから私は子ども心に「母の言いなりになっていてはいけない。親離れができなくなる」と直感的に思っていました。

　私が1970年代にアメリカへ留学した時、当時は外国へ多額のお金を一度に持ち込むことができなかったので、渡米後に私の貯金を母から送ってもらうようお願いしました。すると母から103カ条の手紙が送られてきました。内容はすべて「水道やガスはどのように使っているのか」といったこまごましたことでした。その103カ条すべてに答えなければ送金しないというのです。私は「自分のお金を送ってもらうだけなのにうっとうしいな」と思ったものです。もし子どもの時の万引の際に、母がストレートに私を糾弾していたなら、その後の私はおそらくぐれてしまっていたかもしれません。

父に自分の思いを告げて

　母は晩年、脳溢血で倒れてから、家族が会いに行っても家族と認識できない状態となり、私は感謝の思いを伝えられぬまま母をあの世に見送ることになりました。せめて父には自分の思いを伝えておこうと、日本に帰省した折、父の好きだったバラ園を散歩している時に、私が万引をした時の母の対応や母への感謝の思いを伝えました。

　私は若い頃、父に対してひどいことをしたことがあります。「このオイボレ！」と言って、父に物を投げつけてしまったのです。それでその散歩中、父に直接語るのは恥ずかしかったですが、思い切って言いました。

　「僕、今までいろいろと悪いことをしてきたよね。いい息子でなくてごめんなさい」

　すると父は「トイレに行く」と言ってしばらくその場を離れ、帰ってきた時には目頭を赤くしていました。そして

　「お前はいい子だったよ」

　と言ってくれました。私は父の思いもよらぬ言葉に心が和みました。日々いろんなことがあるけれど、年月が経ってみると、過ぎ去ったことは良いことだけに思えてくるものなのかな。家族ってそういうものなのかな。そんなことを考えさせられました。

それと同時にその父の言葉がその後、2児の父親である自分自身に我が子と正面から接していけばよいのだという確信を与えてくれました。

生徒会でリーダーシップを発揮して

　中学2年の時にクラスメートから生徒会の副会長に推薦されて、校内選挙に立候補し、候補者3、4名の中から私が選ばれました。子どもの頃からなぜか正義感だけは人一倍強かったようで、生徒会役員になってからは「民主的な学校を作ろう」とがんばりました。

　当時、私の中学校では、「男子生徒は必ず丸坊主にすること」という校則がありました。それに対して私たち生徒会では、「生徒の髪型を規制するのは人権問題である」と教育委員会に働きかけました。その運動が功を奏して、翌年からは男子の長髪が認められました。これは校則の厳しい同校において革命的な出来事でした。

　また、生徒たちの声を拾おうと考えて、私の提案で生徒会に「意見箱」を設置しました。そこから起こったある出来事も忘れられません。

　ある時、意見箱に「学校で飼っていたニワトリが、先生方の新年会で鍋にされてしまったのは問題だ」という告発が寄せられていました。その投書を全校生徒の前で発表しようとしたところ、生徒会の顧問の先生には「読まないでくれ」と頼まれました。ですが、事の真相をはっきりさせたいと、先生の反対を押し切って

朝礼の場でその投書を読み上げ、校長先生に答弁を求めました。しかし、その場での校長先生からの返事は「答弁の必要なし！」の一言で、私たちに納得のいくものではありませんでした。その事件が関係しているかどうかはわかりませんが、その後、校長先生はよその学校へ転勤になりました。

　余談ですが、何年も経ってから定年を迎えたその校長先生は、私の父の俳句の先生となりました。一個人としての校長先生を思うとき、あの時、申し訳ないことをしてしまったかな、そんな気持ちが湧いてきます。

高校時代に身に染みてわかったこと

　私を英語に導いた運命の人である宇佐美先生の勧めで、先生の母校である私立の男子校に往復３時間をかけて通い始めた私でしたが、この３年間の高校生活は私の期待したものとは大きくかけ離れていました。

　宇佐美先生のような魅力ある授業をする先生がいなかったこともひとつの理由ですが、大きな要因は周りの生徒の家庭とのギャップにありました。私のようなサラリーマン家庭の息子は少なく、生徒のほとんどが中小企業の社長の息子でした。そうした生徒たちはお金の苦労がなく、欲しいものはいつでも買い与えられるような環境にありました。高校生の私には欲しい物がたくさんありましたが、そのようにすぐ買ってもらえることはなく、周りの生徒からその裕福さを痛いほど見せつけられました。

　高校に入学してまもなく、そうした家庭の違いを痛烈に思い知らされたのが、お金持ちの家庭の島本君と学校のカフェテリアでランチをとった時のことです。セルフサービスの食堂でしたから、食べ終わって普通に食器を片付けようとしたところ、島本君が

「高橋、そんなの片付けるなよ」

　と言いました。私が

「だめだよ、ここはセルフサービスだろ」

　と言うと島本君は

「掃除のおばさんの仕事がなくなっちゃうぞ」

　と言ったのです。これはショックでした。「それは屁理屈だろ?」と言い返しながら、心では「嫌だな」と思っていました。

　うらやましかったのはレコードを山ほど持っていた高尾君です。後にプロのミュージシャンになった彼は社長の息子で、好きな物を欲しいままに手に入れていました。とてもナイスガイではありましたが、彼に対して心の中で少々距離を置いている自分がいました。

　そうした同級生を見ていて、「みんな金遣いが荒いな」と思う反面、同じことができない悔しさもありました。また、「お金がないと人生さみしいな、人生ある程度お金が必要なんだな」とも感じるようになりました。この時の経験が大人になってから仕事に対してのある程度バネになっていると思います。

　ただ、周りには、裕福な環境に満足しているばかりではない友人もいました。辰野君は質屋の息子でした。彼には質屋が人の弱みに付け込んだ商売だという思いがあったのでしょうか。日頃彼はこう言っていました。「僕の家はお金に困っていないけれども、

うちに入ってくるお金は汚いお金だ」と。彼はとても繊細な神経の持ち主でした。精神が不安定になりやすく、人と接することを恐がっているようでした。「家にお金はあっても僕は幸せじゃない」とむなしそうに語っていました。

　修学旅行で長崎の平戸に行った折、日没後の三浦按針の墓のある小高い丘の上で、辰野君と海を見つめながら語り合った時の彼の言葉は忘れられません。

　「君が一生僕の友達でいてくれたら、僕は金銭面で君の面倒をみてもいいよ」

　私はまじめな彼が好きでしたから、その言葉は実にうれしいものでした。その後辰野君は同じ大学に進学しましたが、うつ病になっては入退院を繰り返していたことを、ある日、彼自身の口から聞きました。その後音信不通となってしまいましたが、元気でいてくれればいいなと時々思います。

　ともあれ、この高校時代が私のお金への価値観を築く機会になったことは間違いないようです。

大学で始めたサークル活動

　大学ではESS（English Speaking Society）という部員200人ほどのクラブに入りました。大学のクラブとはいえ、さながらひとつの会社のような大きな組織でした。

　普段はディスカッション、ディベート、スピーチ、ドラマの四つのセクションに分かれた活動が中心でしたが、昼食時間だけはセクションの垣根はなく2、30人ずつでグループを作り、英語で会話をする「ランチタイム・プラクティス」がありました。英語でのエキサイティングな交流に惹きつけられて熱心に通ったものの、ひとつ心にひっかかるものを感じていました。

先輩たちの意識と行動に違和感

　ランチタイム・プラクティスに友人の桑野君を連れていった時のことです。桑野君は高校、大学と同じ校舎で肩を並べた仲の良い友人です。尺八の名人を父にもつ桑野君は大学で邦楽部に入りましたが、私の熱中するESSのランチタイム・プラクティスに興味をもって、ある時私に付いてきたのです。昼休みに集まったESSのグループの場で、私が桑野君を紹介すると先輩の第一声は「どこ（のセクション）から来たのか」でした。先輩の言葉と怪訝そうな顔つきには、日頃私が感じていた先輩たちの派閥意識がありありと表れていました。

そんな折、私が高校2年の時から通っていた英会話スクールの先生の言葉は、私に指針を与えてくれました。その先生とはティモシー・ビームさんで、彼は私が初めて出会った西洋人でカナダの方でした。「北米の人」という当時の私のイメージからはかけ離れた印象の方で、住まいは京都の伏見稲荷神社の赤い鳥居をくぐったずっと先、まるで天狗の出そうな山奥にありました。彼自身の傾倒していたインド哲学の影響なのか、品の良いヒッピーといった雰囲気があり、物腰も柔らかい先生でした。その彼が私にある時言いました。

　「いいですか。若いうちは特定の人たちとだけ付き合っていては視野が狭くなってしまいますよ。どんどんいろんな世界に出ていくことです」

デリカンを立ち上げる

　私は先生の言葉を新鮮な気持ちで受け止めていました。そして「自分は宇佐美先生に教わった英語を通じて視野が広がったのだから、このままひとつの集まりにとどまっていては駄目だ」という思いが湧き上がってきました。またＥＳＳ部内の人間的な部分だけでなく、「四つ」という限られたセクション数にも物足りなさを感じていた私は、一念発起して新しいセクション立ち上げの行動を起こすことにしました。日常会話を中心とした "Daily Conversation" のセクション、略して「デリカン」結成のために

有志を募ったのです。するとＥＳＳ部内で20人が名乗りを上げてくれました。私は明治時代初期の改革者たちのような気持ちで、デリカン立ち上げの企画と賛同者の名前の一覧を持って先輩幹部のもとへ行きました。

　ところが、先輩後輩の力関係の大変はっきりした部でしたから、下っ端の私の提案は「そんなことは前例がない」とか何とか理由を付けられ、あえなく却下されてしまいました。そのことで私はＥＳＳにすっかり失望してしまいました。

　そこで「ここには見切りを付けて新しいサークルを作ろう！」と立ち上がりましたが、先の20人の有志のなかで発起人メンバーとして残ったのは５人もいませんでした。ほとんどの学生がいざとなると躊躇してしまい、「先輩スミマセン」と言ってＥＳＳの組織にとどまったのです。しかし私は「新しい組織を自分たちの手で作るんだ！」という意欲に燃えて、文学部の豊永教授を顧問に担ぎ出して「デリカン」を立ち上げました。

ジョン万次郎

　その頃私には憧れのライバル学生がいました。彼は神戸の港でオーストラリアの船員と仲良くなり、無償で彼らの船に乗って、半年間オーストラリアに滞在したというツワモノで、みんなから

は「シグ」と呼ばれていました。彼は私たちにとってジョン万次郎のようなカッコイイ存在でした。そんな彼に会いに行き話をすることで、新しいサークル立ち上げの士気がさらに高まりました。

　そうして創設した「デリカン」を語る上で欠くことのできないのは、女房役で副部長の武田君の存在です。

　私の「こうと決めたらまっしぐらで、石橋を叩いてどころか、石橋も見ずに渡ってしまう性格」とは対照的に、武田君はとにかく慎重派で「石橋を叩いても渡らないような性格」でした。そんな彼と私は、高校時代の友人で作家志望の備前君の勧めで、星新一氏の著書『人民は強し、官吏は弱し』を読みました。

　氏の小説はＳＦのフィクションがほとんどですが、この本は違って、氏の父親である星一（ほし・はじめ）氏の自伝小説となっていました。星一氏は明治時代にアメリカに10年間滞在し、日本帰国後は現在の星薬科大学の前身である星製薬を創業し、国会議員にもなった人でした。会社を作り、事業をどんどん推し進めていく星一氏のもとで、着実に形を作っていく副社長、ナンバー２の役割を安楽氏が果たしていました。星一氏にとって安楽氏はなくてはならない存在でした。それはちょうど「世界のホンダ」を生み出した本田宗一郎氏と藤沢武夫氏のような関係だったのでしょうか。

この本を読んだ武田君は私に「これは俺とお前の関係だ。おれはナンバー２をやる」と言いました。彼のこの言葉で、私は日頃感じていたお互いの心の絆がしっかりと結ばれていることを確信しました。

　大学２年の時に立ち上げたデリカンの活動では、９人の部員と一緒に和歌山県の白浜温泉で夏の合宿を行ったことが忘れられない思い出です。大学卒業で部を離れる時に、私は後輩に「君たちは君たちで自由にやっていいから」と伝えました。そして卒業後、デリカンには１度も顔を出しませんでした。ＥＳＳに所属していた時に、ＯＢが顔を出して先輩風を吹かすことを私は快く思わない人間でしたから。

思い出のひとこま——武田君のこと

　武田君は、　学生時代にホテルのアルバイトで費用を稼ぎ、卒業後はオレゴン州で短期英語研修に参加しましたが、そこから私の留学の地・カリフォルニア州のフレズノを訪ねてくれました。
　武田君はフレズノでも英語を学ぼうと、移民者向けに開かれている受講料無料のアダルトスクールの面接を受けることにしました。その時、私とエリックという友人が武田君に同伴しました。アダルトスクールの校長から武田君への質問は「オレゴンで英語研修中に使った教科書は？」でしたが、彼は緊張して思い出すことができませんでした。すると「自分が使っている教科書の名前

も覚えていない学生を、この学校に来させるわけにはいかない」
と校長に不合格を言い渡されてしまいました。

　言葉を失っていた武田君に対して「そんなことでいいのか？」
という憤りを感じながら、その場を後にしました。

　帰宅後、私は早速、

「なぜ簡単にあきらめたんだ」

　と口火を切りました。大きな挫折感の中、武田君は

「どうしてお前たちは黙っているだけで俺のことを援護してくれ
なかったんだ」

　と文句を言い始めました。それを聞いた私は

「お前、たった1回の面接がだめだっただけであきらめるのか。
情けないよな」

　と、次第に激しい口論になりながら互いの思いをぶつけ合いました。

　翌日、彼は勇気を奮い立たせて再び校長のところへ面接のお願
いに行きました。そして思いがかなってアダルトスクールに通い
始めた武田君は、最後には学校の優等生として表彰されるまでに
なりました。大学時代からの親友である彼の業績は、大変誇りに
思ったものでした。

　そんな武田君は2016年まで大手の通訳翻訳会社の関連会社の
社長をしていました。今も交友が続いている大事な存在です。

アメリカひとり旅

　大学3年の時に、父から「1カ月イギリスへ行ってこい」と言われました。それは思いがけぬプレゼントでしたが、アメリカに憧れていた私は「ぜひアメリカへ」と主張しました。40年も前の時代ながら、父は「アメリカは危ないから駄目だ」と反対したため、ならばカナダへと、知人の紹介でバンクーバーから来ていた宣教師を訪ねてカナダ情報を求め、父に伝えたところ「バンクーバーならいいだろう」と承諾を得ました。

　その後、私が通っていた英会話スクールのアメリカ人講師、ヘレン・ホール先生に私の北米行きを伝えたところ、彼女は「私はホームシックだけどアメリカに帰れないから、あなたにうちの両親を紹介するわ。私の代わりに会ってきてちょうだい」と言って家族を紹介してくれました。

　思いがけないところからアメリカとのつながりを得た私は、「知り合いがいるから」と父を説得して、ようやく念願のアメリカ行きチケットを手にしました。この頃、旅行といえばパッケージツアーが中心だったのですが、往復航空チケットだけという自由な旅行も出始めていました。購入したチケットは、大阪からアメリカへの往復航空券と3泊分の宿泊代で16万4千円。30日間の滞在予定でした。自由旅行のはしりで、主催者の方が4回にわたっ

て綿密なオリエンテーションを開き、ビザの取り方などを説明してくれました。かくして憧れのアメリカへと旅立つことになりました。

サトミ、ノグチと一緒に

　往復の旅券は団体扱いであり、旅立ったアメリカ最初の滞在地サンフランシスコでは、同じチケットでやってきたサトミ、そしてノグチと一緒でした。現地のＹＭＣＡでスガちゃんと呼ばれるアメリカ滞在歴数年という日本人青年に出会いました。父親がアメリカ人、母親が日本人のスガちゃんは、現地のロックバンドで活動していました。当時私は大学仲間とロックバンドを組んで、長髪にサングラスという格好で過ごし、サンフランシスコでは憧れのリーバイスのジーンズを買いにいったものでした。そんな私の目に、現地でミュージシャンをしているスガちゃんはまぶしく映りました。

　「ヒッチハイク」という言葉すら知らなかった私たちは、アメリカ暮らしに慣れている彼からそれを教わり、興奮を胸にゴールデン・ゲート・ブリッジを渡りました。スガちゃんは「感謝の気持ちを伝えたい時は『プリシエ』と言ったらいい」と教えてくれました。その時は彼も私もどういう綴りかわかりませんでしたが、後からそれが "I appreciated it" であることがわかりました。彼の英語は学校で習ったものではなく、生の言葉から身につけたも

のだったのです。

　次の予定として、私は英語講師のヘレン・ホールの家族に会うことを決めていました。ヘレンの実家はサンフランシスコから車で５時間のチコという町にありました。その町のグレイハウンドのバス停で、父親のホールさんが出迎えてくれる約束をしていました。サンフランシスコで一緒だった友人二人からは「俺たちも一緒に連れていってくれ」と頼まれましたが、大学３年生の時にアルバイト先で知り合ったひとつ年上の立命館の学生に言われた「男は学生時代、一度はひとり旅をするものだ」という言葉が耳に残っていましたので、その頼みを断り、ひとりでサンフランシスコの市営バスに乗り、チコ行きのバスに乗るためにグレイハウンドのバスターミナルへ向かいました。

　市営バスの運転手に「グレイハウンドのバス乗り場に着いたら教えてください」と頼んでいたにもかかわらず、気がついたら乗客は私ひとりきりになっていたので「バス乗り場は？」と運転手に聞くと、「声を掛けたけど降りなかっただろ」と言われてしまいました。私はそのとき、バスの運転手の英語が速くて理解できなかったのです。バスは車庫に向かっていて、逆方向に向かうバスはないとわかりました。チコ行きのバスは１日２本しかなく、予定のバスを逃したら半日以上もヘレンのお父さんを待たせてし

まうことになります。私は道端ですぐにバスから降ろしてもらい、通り過ぎてしまったバス乗り場に向かってガタガタとスーツケースを引いて歩き始めました。

　すると運んでいた大きなスーツケースはすぐにキャスターが壊れてしまい、20キロもあるスーツケースを抱え、泣きそうな気持ちで急ぎました。必死に前へ進みながらも頭には「あまり数学が得意でない私に『微分積分の問題を解け』と言われたらお手上げだが、『お前の好きな英語でこの試練を乗り越えろ』と言われているんだから何とかなるはずだ」という思いが湧き出し、ぺしゃんこになりそうな心が力づけられました。「ここであきらめちゃおしまいだ。走ってもヒッチハイクでもいいからとにかく前へ進むんだ！」

　重い荷物を抱えて数ブロック行ったところでバス乗り場に着き、無事、予定のチコ行きのバスに乗ることができました。到着したチコのバスターミナルでは、サングラスを掛けた体格のいいヘレンのお父さんがピックアップトラックで出迎えてくれました。彼は元海軍大佐で、そうした威厳が体から漂っていました。

　バス停から家へ向かう途中、ヘレンの妹、アーリーンが入院しているという病院に立ち寄りました。ヘレンの妹はその時ドラッグの中毒にかかり意識不明の状態だったのです。家までの車中で

は、安堵と疲れで私はうとうとしてしまい、ホールさんが語る日本に駐在していたときの話は遠くに聞こえていました。

　私の英会話は未熟でしたが、ホール家は音楽一家だったため、私はギターが弾けると言うとすぐに打ち解けて、"Japanese son" と呼んでくれるようになりました。クリスチャンであるホール家では、すでにひとり居候がいましたが「ひとりも二人も一緒だから」と、挨拶程度に立ち寄らせてもらうつもりが、その後3週間半もそちらにステイすることになったのです。チコは田舎町でしたから、「町に日本人が来たのは初めてだ」と言って近所の人が代わる代わる私に会いにきました。

　チコではホールさん夫妻と一緒に教会に行ったり買い物をしたりと、思いがけずアメリカ人の日常生活を体験することができました。「アメリカはドラッグに毒されているから新天地オーストラリアへ移住したい」というホールさんに同行してサンフランシスコのオーストラリア大使館を訪れたこともありました。帰り道、ピックアップトラックの荷台で寝転びながら空を見上げていると、流れ星が何十個と見えたことも忘れられません。

　ホール家とキャンプに出かけた時には、日本人によく似た人を見つけて、「どうしてこんなところに日本人が？」とホールさん

に尋ねたことがありました。情報のない時代でしたから、その辺りに先住民が住んでいることすら私は知らなかったのです。異国では見るもの聞くものすべてが新鮮に私の心に焼き付きました。

　「自分たちの息子」と呼ばれて過ごしたチコを離れる時、軍の空港から小型飛行機に乗る私に、ホールさんと病気だったアーリーンがずっと手を振っていてくれました。頭のなかではずっとピーターポール＆マリーの"Leaving on a Jet Plane"が流れていました。「必ずまたチコに来る。どれだけ時間がかかっても留学してここに来る」切ない胸のうちで私はそう決意していました。

　もしチコに友人と来ていたならば、こんなに長期にホール家に滞在させてもらうことはなかったでしょう。立命館の学生の一言は、自分の貴重な体験に結びつく大事な言葉となりました。

今の生き方を決定づけた二つの出来事

　大学の付属高校に在籍していた私は、大学受験が必要ありませんでした。そのため高校時代は、大好きな英語を集中して勉強することができ、遊ぶ時間も十分にありました。大学に進学してみると、一般受験で入学してきた学生は受験まで必死に勉強して、入ってしまえば後は遊んでばかりという傾向がありました。ですが私はことさらに遊ぶ必要もなく、大学で初めて触れる学問分野への関心もあったため、熱心に勉強しました。そして教養課程ではすべて優の成績を取りました。

　英語への情熱には変わらぬものがありましたが、日頃母から英語の教師になることには否定的な言われ方をされていたことや、成績上位者は法学部に進む風潮があったこと、そして父に「弁護士になれば」との勧めもあり、専門課程は法学部へ進むことにしました。それでも一番英語と接点のあるクラスを求めて「国際法」を専門に学ぼうとしましたが、後期試験の際に「５行以上書いたら落とすぞ」という警告があるなか、まじめに取り組んでたくさん書いたところ、警告通り落とされてしまいました。

　そこで卒業論文作成のためのゼミとして、カリフォルニア大学バークレー校で客員教授の経験のある政治学科の堀教授のところに飛び込みました。その直前の夏にアメリカに行き、この大学の

素晴らしい様子を目にしていましたので、そこで教えていた堀先生はすごい人だという思いがありました。堀教授からは開口一番

「君は良い成績だな。なぜ君は私のゼミを選んだのだ？　就職を考えるならもっと有利な先生がいるだろう。私のところでは就職のお手伝いはできないよ」

　と言われましたが

「僕はバークレーに行って感激しました。そこで教鞭を執られていた先生からぜひゼミを受けたいと思ったのです」

　と弾む声で答えていました。

　当時は学生運動の残り火のある頃で、学生たちは右寄り、左寄りといった政治の哲学を抱いていました。しかし、１、２年の頃に自由な思想を持っていた学生たちも就職を意識しだしたとたんに、社会の規範に自分を合わせていってしまうのです。その姿に私は嫌悪感を抱いていました。ゼミの成績が就職に響くと聞いていましたが、私は「また必ずアメリカに行くぞ」と卒業後の留学を決めていましたので、ここはひとつ、学生にいたずらしてやろうという不真面目な動機から「天皇制廃止論」を卒業論文のテーマに決めました。この論文の発表をする時、ゼミの学生たちがどんな反応をするのか、そのことに興味津々でした。天皇制を持ち出したもうひとつの理由に、中学校時代の思い出があります。ある時ガールフレンドに「天皇陛下は不要だ」と話していたところ、

彼女の母親が「そんなことを言ってはだめなのよ」と私を注意しました。その理由を問いただしましたが、「あなたにはまだわからないのよ」と相手にされず、すっきりしない気持ちを抱えることになったのです。

　ともあれ、卒業の日を迎え、ヘルメットをかぶっていた学生たちも皆リクルートスーツに身を包んで登校するなか、私はわざとジーンズをはいて卒業式に出席しました。そこで生涯忘れられない強烈な印象を残したのが、卒業式で堀先生が学生に語った言葉でした。

　「君たちはこの４年間、自由な精神をもって自由な生き方ができた。それは大学という自由を尊重する空間にいたからできたことである。だが、社会に出ていく君たちはこれから雇い主のもとで働く。そこでは自由な生き方は邪魔になるだけだ。今までの自由は一切忘れなさい」

　さらに先生は続けました。

　「だが、私は学問の世界に生きていくため、この先も自由に生きていく」

　学生たちは皆、神妙な顔つきで堀教授の話に聞き入っていましたが、私は留学という光が見えていましたので、痛快な気持ちでその言葉を捉えていました。「堀先生はさすがだ。でも僕は助かった。

僕は将来、雇い主と合わなければ、食いっぱぐれになっても生きていきますよ。雇い主に迎合して生きていきたくはないですからね」そう心のなかでつぶやいていました。

　その堀教授の言葉と並んで自分の生き方を決めたのは父の生き方でした。父は某大手銀行の営業畑で出世街道を進んでいるかのようでしたが、ある時、上司との対立がきっかけで、日の当たらないところへ転勤させられたのです。それでも最後まで父は銀行に身を捧げていました。

　父が定年を迎えた日、母が兄と当時大学2年だった私に「集まりなさい」と声を掛けました。母は「『お父さん、ありがとうございました。お疲れ様』とお礼を言いなさい」と言いました。「お父さんはね、仕事のことで辞めたいこともあったんだけど、あなたたちに大学を出させてあげたかったから、家族のためにがまんしてここまで勤め上げてきたのよ」

　この言葉を聞いてショックを受けました。父が自分の正しいと信じたことをやっているのなら、「家族を養っているから」と我慢せず、会社を辞めてほしかった。もしそうと知っていたら、私から「仕事を辞めていいよ」と言いたかった。そうした思いでいっぱいでした。それと同時に「自分が父のようになったとしたら、必ずさっと辞められる状況を作っておきたい」——そうした思い

43

が強烈に湧き上がってきたのです。

　会社に勤めていると常に自分の信念を貫くことは難しいでしょう。「鶏口となるとも牛後となることなかれ」と言われるような生き方をこの頃志向し始めたことが、現在の私につながっているように思います。

「窮すれば通ず」で稼いだ留学資金

　先のアメリカひとり旅では、チコの知人宅に滞在したおかげで、ほとんどお金は使わずじまいでした。残ったお金を父に返して

「実は僕、アメリカの大学に留学したい」

　と心境を伝えると

「行くんだったら自分でお金を貯めて行け」

　と言われました。もちろんそんなことはわかっていましたから、自分で米国領事館に行って、アメリカの大学の「College Bulletin」という分厚い大学案内のページをめくっては、チコにある大学の情報を集めました。それから費用について先方へ手紙で問い合わせました。返事には３、４カ月もかかる、そんな時代でした。

　お金を貯めようと、アルバイト情報に当たってみましたが、当時で喫茶店のアルバイトが時給４００円。その程度では、何年かかっても、留学資金など貯まらないと半ば絶望的な思いでした。それでも何かやらねば前へ進めないので、お好み焼き屋さんへアルバイトの面接に行きましたが、長髪の私が髪を切るなら雇っても良いと言われ、私は「これは僕の命です」と言って、さっさとそこを出てしまいました。

しかし、何としてでも留学資金を貯めたい。その一念でアルバイトを探していましたら、時給1200円という、とびきり時給の良い仕事を見つけました。それは英語検定2級に合格するよう中学生と高校生を指導する仕事でした。経営者の山本さんはアメリカ帰りのビジネスマンで、ホテルの会議室を借りて、お金持ちの子弟を相手に英才教育の学校を展開していました。その講師の仕事に当たって砕けろの意気込みで応募してみたところ、運良く受かりました。自分は英検2級という資格を持っているだけでしたので、これには自分自身驚きましたが、このチャンスを逃がすわけにはいきません。アルバイトを続けた結果、普通の仕事の3倍のスピードで留学資金は貯まっていきました。

　指導をした生徒たちは皆、英検2級に通りました。その頃英検には準1級はなく、1・2・3・4級だけがありました。すると次は1級に向けて教えざるを得なかったのですが、私は英検2級取得後に何度も英検1級にチャレンジしたものの、その時点で合格はしていませんでした。
　大学1年の春、英検1級に初めて臨んだ時は、筆記試験の途中でガールフレンドとの待ち合わせ時間となり、試験問題のひとつのセクションを丸々残して試験会場を出てしまいました。今思うと甚だ不真面目な試験態度でした。にもかかわらず、その試験ではAからCの3段階に分けられる成績で、私はトップのAスコア

になっていました。「これは少し頑張れば受かるかもしれない」と
その後、数回チャレンジしたのですが、駄目でした。

　そうした状態でしたから、自分が1級に向けての英語を指導す
るなんておこがましいという気持ちでした。しかし山本さんは「君
が1級を取ればいいじゃないか」と強く勧めてこられるのです。
ならばもう1度全力で挑戦しようじゃないかと、合格対策の参考
書と問題集をすべて引っ張り出して、英語で言うところの "from
cover to cover" つまり本の隅から隅まで取り組みました。

　そして試験当日を迎えました。私はその頃、山本さんの紹介で
藤田さんという方が経営している塾にも教えにいっていました
が、英検当日、その塾は英検3、4級の団体受験会場になってい
ました。それで私が仕事として午前中の試験監督をした後、1級
の試験を受けに別会場に向かおうとする時に、塾の藤田さんが私
に声をかけました。

「高橋さん、これの中を見ておきなさい」

　そう言って封筒を渡しました。中の書類を取り出してみると、
それは英検1級の試験問題でした。私は胸の鼓動が高鳴るのを感
じながら

「こんな物は受け取れませんよ。私はこれまでも何度も滑ってい
ますから。自分の実力でいきます」

と封筒を藤田さんに返しました。

「まぁまぁ、そう言わずに」

と再度渡してこられましたが、私はきっぱりその封筒を返して、1級の会場に向かいました。それは自分の心が試されているような経験でした。

その道の途中、案の定、日頃指導している生徒に出くわしました。私の顔を見て驚く生徒に、嘘は言いたくなかったけれども「試験監督をするために来た」と言ってかわした自分を恥じました。

試験の結果はというと……不合格。それでも、あの時封筒を受け取っておけば良かったとは思いませんでした。そして今日までその思いは変わりません。ちなみに1級の試験には7回目のチャレンジでやっと合格することができました。

思えば、英語指導のアルバイトは、「窮すれば通ず」というような出会いでした。私自身、試験に一発で合格できるような人間ではなかったですから、私が経営する英語学校の学生の皆さんにはよく、「たとえ壁にぶつかったときでも、あきらめなければ道は開けてくる」と語っています。

第 2 章

多感な留学時代 (20代)

生きた英語をいかにして身につけたか（その１）

　大学３年生の夏に訪れたカリフォルニア州のチコという町がとても気に入りました。そして日本の大学を卒業したら、ぜひその町にある州立大学へ進学したいと思っていました。留学資金を稼ぐためにアルバイトをした英語塾の経営者・山本さんは、フレズノという町の大学を勧めてくれました。山本さんはアメリカ帰りの経験豊富なビジネスマンで、彼から「フレズノという町はこれから大きく発展する。留学するならフレズノが良い」というアドバイスを受けて、私は早速大阪にあるアメリカ領事館の図書館で、フレズノ所在の大学に関する資料をいろいろと調べて留学の準備をしました。

　そして10カ月後に、高校、大学時代の友人の桑野君とともに渡米したのです。彼は私の強い勧めでチコの州立大学へと進学しました。なぜ別々の大学を選んだかと言うと、同じ所へ行けば日本語を話してしまい、変にお互いを頼りにしてしまう状況が想像できたからです。彼は予想通り日本人が全くいない理想的な環境で勉学を始めることができました。

　一方、私を驚かせたのは、私が留学先として選んだフレズノの州立大学には付属の英語学校があり、そこに英語を学びにきている日本人がなんと200人もいたことでした。当時はまだ１ドルが

308円と高かったにもかかわらず、こんなに大勢の語学留学生が日本から来ていて、しかも全員が彼ら専用の寮に住んでいたのです。

　そんなことをまったく知らなかった私は、フレズノにひとり到着した後、キャンパスを歩いていて谷口さんという富山出身の髭面の青年に出会った時、「こんな所にも日本人が留学しているんだ」といたく感動したのです。そして彼から日本から来ている人たちに紹介すると言われた時に「ノー」と断れなかったために日本人社会の中に引きずりこまれることになります。

　皆良い人たちだったのですが、毎週末にパーティーが開かれ、案内されたリーダーの部屋には "No English" と書かれた張り紙がしてありましたが、高校を出たばかりの女の子にタバコを勧めるといったことが当たり前に行われていました。わざわざこのカリフォルニア州の片田舎まで来た目的を、彼らはすっかり忘れているのではないかと何度も思ったものでした。

　そうは言ってもこの群れに1度入ると居心地も良く、抜け出すのは至難の技でした。しかしこのままでは大学を卒業するどころか、生きた英語すら身に付かない。そうした危機感から、完全に環境を変えることに全力投球しました。

　まずは学生寮を出ようとアパートを探しました。寮を出るため

の手続きからアパートを借りる交渉まですべて自分でやってみました。アパート暮らしの始めにはテレビを購入。毎日テレビガイドに目を通し、面白そうな番組は片っ端から観ました。最初はよく聞き取れなかった番組も、何度も何度も繰り返して観るうちに英語が少しずつわかるようになってきました。そこまでに6カ月ほどかかった記憶があります。とにかく1日に3時間近くはテレビの前に座っていました。

　そのうちに岩瀬教夫という、やたら英語が上手な日本人が私のアパートに移り住むようになり、それからは英語オンリーの生活が約2年半続きました。岩瀬は、アメリカ人たちが皆彼の英語はネイティブ・スピーカー並みだと褒めるほどの英語の達人でした。やがて岩瀬の提案で、郊外の大きなアパートに移ってからは、日系3世のアルバート・フジツボと、明治大学出身の黒島ともアパートをシェアすることになります。4人の共同生活での会話はすべて英語でした。アパートには岩瀬のアメリカ人の彼女やアルバートの彼女がちょくちょくやってきました。私には中学生時代からアメリカで育った日本人のガールフレンドができて、英語での生活が当たり前になりました。

　フレズノへ到着した当初、ハンバーガー・スタンドで"Filet of Fish（フィレオフィッシュ）"を文字通り、「フィレット・オブ・フィッ

シュ」と発音してしまったことや、セブンイレブンにバターを買いに行って "butter" という発音が通じずに困ってしまったことなど、いろいろな出来事がありました。

　そんな失敗をしつつも生活のなかで英語を使うことが、生きた英語を習得する一番の方法だと身をもってわかりました。言い換えれば、英語は学ぶものでなく、使うことによって覚えていくものだと実感したのです。やがて日本語に訳したり、日本語で考えたりすることにも限界を感じ、日本から持参した愛着のあった研究社の英和中辞典にも、いよいよ別れを告げる時が来ました。勇気が要りましたが、思い切ってアパートのゴミ収集所に捨てたことを今も鮮明に記憶しています。

生きた英語をいかにして身につけたか（その2）

　英検1級に合格し、ＴＯＥＦＬもそこそこのスコアで留学。意気揚々としてアメリカへ渡った私でしたが、留学当初、現地学生の話す英語は理解できたものの、現地学生からは「あなたの言いたいことはわかるけれど、ネイティブスピーカーはそうは言わない」とよく言われました。

　生活費を稼ぐために始めた大学内のカフェテリアの仕事では、英語が流暢でなかったためにテーブルを片付ける仕事しかもらえませんでした。それでも極度に緊張しながら仕事を始めた初日に、いきなりお客さんに "Where is the water fountain?" と聞かれたことを記憶しています。「何でそんなことを聞くのだろう？」と思いながらも、外庭にあった噴水を指差しましたが、後で思うとそれはウォータークーラー（冷水機）のことでした。

　カフェテリアに来る学生は、私が外国人かどうかなどかまわずに、仕事中の私にジョークなど言ってきます。私はその言葉を知りたくて、スペリングを聞いては、いつもポケットに忍ばせてあったペーパーナプキンにメモしました。帰宅後にはルームメイトに意味を確認し、ノートに書き写してストック。このカフェテリアでの日々のメモが、自然な英語を身につける大きな役割を果たし

てくれたように思えます。意外にも大学での授業を通して流暢さを身につけたとは言い難いのです。

　私の大学には毎夏、日本から大勢英語研修の留学生がやってきましたが、私が日本人とわかると、彼らとは日本語だけの付き合いになりがちです。しかし、それではせっかくの生きた英語も身につきません。彼らから "Are you Japanese?" と聞かれれば、いつも「日本人です」と答えていた私ですが、ある時を境に、私はあえて "I don't understand Japanese." と答え始めました。それは野井さんという大阪から来た学生に "Are you Japanese?" と聞かれたのがきっかけでした。私が "No!" と答えて野井さんに「こいつ日本人ちゃうで!」と言われたときには、少々気まずい思いがしました。嘘をつくのは嫌でしたが、ここでまた日本語の付き合いが始まるのかと思っただけで気が重くなったものでした。

　続けて "What's your name?" と聞かれ、"My name's Sammy. Nice to meet you." と答えました。それ以降、彼との会話はすべて英語です。後になって私のほうから自分が日本人であることは言いましたが、依然として英語でのコミュニケーションを続けました。彼らにも私にも「英語を学ぶ」という共通の目的があったので、英語だけで接する私の態度を「彼は彼でいいんじゃない?」という感じで理解してもらえたようです。サミーという英語の名前をつけたお陰で、臆病ではなく大胆な自分を演出することがで

きたように思います。

　それ以来私は、名前を聞かれたら「サミー・タカハシ」と言うようになりました。そして、それから約2年半は日本語を一切使わない英語漬けの生活、いわゆる total immersion の環境を作ることに成功しました。

目からうろこが落ちたアメリカの大学での授業

　カリフォルニア州立大学フレズノ校に留学中の印象深い経験について、ここで三つご紹介したいと思います。

英語教授法のクラスでの得点

　私は言語学部で英語教授法を専攻していました。その中心的授業にブレンゲルマン教授の英語教授法のクラスがありました。ブレンゲルマン教授は長身でひげをたくわえ、リーバイスのジーパンをはきこなす、いかにも優しそうな先生でした。私は先生の授業をしっかり吸収しようと、当時のアメリカでは手に入らない最新のソニー製のラジカセを、これ見よがしに机に置いて録音していましたが、先生はボソボソと話すので聞き取るのはとても困難でした。しかし、当時の私は気後れして「大きな声で話してください」とは、とても言えませんでした。

　さらに大変だったことは、100ページ以上もある課題図書に目を通す宿題（リーディング・アサインメント）が毎週出されたことでした。

　私は次第に怠けグセがつき、寮に帰った後は、宿題もそこそこにして、アメリカ人の仲間とつるんでピザを食べに出かけるといった遊びに時間を費やすようになりました。自分では英語を話

せるようになることが最優先と考えていましたから、遊ぶことも勉強のうち、と思っていた節もあります。

　そうして中間試験を迎えました。私は全部出席していたのだから、なんとかなるだろうという思いで臨みましたが、結果は散々でした。

　次の授業で先生は「これから黒板に試験の最高点と最低点を書き出す」と言って黒板に向かいました。"Come on ! Don't do it! (おいおい、ちょっと待ってくれよ)" という私の思いをよそに、黒板には「最高点 92 点、最低点 43 点」と書かれてしまいました。その最低点は、まさに私の点数でした。情けない気持ちで私は「周りはアメリカ人、僕は日本人だから仕方ない」とつぶやいていました。

　クラスには私ともうひとり、松村ミホさんというおとなしそうな日本からの留学生がいました。彼女に私が「君、何点？」と聞くと、こともあろうにそれは最高点でした。「これは有り得ない！」私の頭はもう真っ白でした。

　私は何か秘密があるに違いないと思い、彼女の住んでいる寮に行ってルームメイトに尋ねました。「俺は最低点なのに彼女は最高点だった。いったいぜんたい、これはどうなっているんだ？」するとルームメイトは「彼女は毎晩、夜中の 3 時まで宿題をやっ

ているわ」と答えました。それを聞いて私は愕然としました。飲んで帰って11時には寝ている私と、3時まで起きてがんばっている彼女。その差はあって当然でした。

　私たち留学生は普通の学生より6倍も高い学費を払っていたにもかかわらず、私はこの単位を落としてしまいました。あの時の悔しさはいまだに忘れられません。

スペイン語クラスで意見を求められて

　私は週4回、5カ月のスペイン語クラスを取り、日常会話を一通り習得しました。本当なら次は昼間に開講していたスペイン語の中級クラスを取るべきなのですが、私はその頃昼間のクラスが受講できない状況にありました。それは生活費を稼ぐために、昼間はキャンパスのカフェテリアの仕事に精を出していたからでした。

　そこで、ハイレベルではあったのですが、夜間のスペイン語によるディスカッションクラスを取りました。受講者はわずか5、6人でした。血気盛んでダイナミックな人柄のスペイン人、ミゲル教授が担当教官です。

　社会問題を扱った授業の中で、ある時ミゲル教授が

「君はどう思う？」

　と私に意見を求めました。ここで下を向いていては男が廃（すた）ると思い、私は勇気を振り絞って

「意見はありません」

　とスペイン語で答えました。するとミゲル教授は大声で

"Get out of here! "
（出て行きなさい！）

　と叫びました。私が

「なぜ出て行かなくてはいけないのか」

　と聞くと、彼は言いました。

"In this country, if you don't speak out, you don't exist."
（この国で自分の意見を言わない者は存在しないも同然だ。）

　この言葉は衝撃的でした。言われた瞬間、私は「外国人学生で高い授業料も払っている僕が、どうしてそんなことを言われなくてはいけないのか」と甘えた気持ちから憤慨しました。しかし、後で考えてみると、クラスに出ているだけでは存在意義がないということが「ああ、そうなのか」とわかり、この経験がその後の自分にとってプラスになりました。

　今はこの教訓を生かして、私が経営する英語学校のなかで学生たちに「どんどん積極的に授業に参加しなくてはいけない（Active Participation）」ということをしっかり伝えています。

音声学の授業での思い出

　忘れもしない言語学143、音声学クラスは、アラブ系の優しい風貌の紳士であるゼルダス教授でした。授業は英語の発音ひとつひとつについて、発音中の口の状態について解説する内容で、その授業の度に私とフランス人のアンがみんなの前に呼ばれました。そして先生は「これから彼らにRの発音をさせてみるから」と言っては、私たちは"Red"などと言わされました。私は日本人流の「L」の発音で、「レッド」としか言えず、フランス人のアンは「フー」というフランス語特有の音の出る発音で「フレーッド」と言うと、クラス中が大笑いしました。SやZの発音をやらされる度にクラスのみんながどっと笑うのです。

　毎回みんなの笑い者にされていた私は、いじけていても仕方ないと思い、ゼルダス教授のところに行って、こう言いました。

　「私は毎回クラスで恥ばかりかいている。自分を笑い者にするのもいいけれど、どうやったらアメリカ人のような発音ができるのか、僕の発音が完璧になるまで教えてください」

　するとゼルダス教授は教授室にいるときならば、いつでも指導できると言いました。それからの私は、夜討ち朝駆けで、先生の部屋に何度行ったかわからないくらい押しかけて、アメリカ人に通じる発音になるまで、徹底的に指導してもらいました。赤っ恥をかかされたことが、なんとしてでも完璧な発音をものにするという意欲につながり、ついにはそれを自分のものにすることができたのでした。この体験は私に大きな自信を与えてくれました。

私のホストファミリー

　フレズノ州立大学留学当時、現在行われているようなホームステイは一般的ではなかったものの、ホストファミリーという制度はあり、私には敬虔なクリスチャン家庭であるキンブル家が紹介されました。

　ハロウィーン、サンクスギビング（感謝祭）、クリスマスといった祭り事の日には必ずキンブル家に招待され、ご両親と二人の息子さん、ひとりのお嬢さんと過ごしていました。キンブル夫妻は教育熱心で、子どもたちの学校の成績や、習わせている水泳の記録などをとても気にかける方たちでした。

　私のホストファミリーのことを、クラスメートの長山君が興味をもちました。彼は現在、大学の教授をしていますが富山県のお寺の住職の息子さんで、当時私より二つ年上の25歳でした。彼自身にもホストファミリーがいましたが、ホストファーザーもホストマザーも長山君と同じ年だったため、彼は物足りなさを感じていたようです。彼から「君のホストファミリー宅に連れて行ってほしい」と頼みを受けて、彼を伴ってキンブル宅に伺いました。それ以来、長山君も私同様、家族の一員のように「いつ訪ねてきてもいいよ」とキンブルさんから許可されて、キンブル家に行けばいつも長山君が一緒という状況になりました。

キンブル夫妻は、よく私たちに試験の成績を聞いてきました。長山君は胸を張って言える成績ですが、私は英語のクラスで最低点を取ったこともあるほどです。また人間的にも、年上の長山君は私よりも成熟していました。彼は英語も得意でしたからキンブル夫妻との話も弾み、私の目からは長山君がすっかり主役になっているように思えました。「僕のホストファミリーなのに、それはないだろ？　それに自分のお金で留学をしたのだから成績についてとやかく言ってほしくない」私はキンブル夫妻に嫌気がさしてきてしまいました。

　ある年のクリスマスのこと、エリックという友人の家庭とキンブル家の両方からパーティーの誘いを受けました。エリックは、ご両親が自宅に日本庭園を作るような日本びいきの方で、彼自身もバンクーバーのＵＢＣ（ブリティッシュ・コロンビア大学）で日本語コースを受講するほど日本に興味を持っている青年でした。二つの家族から誘いを受けた私は、キンブル家へ「行きます」と言っておきながらも、クリスマス当日には行きたくない気持ちが勝ってしまい、キンブル家に何も告げないままエリック家のクリスマスパーティに行ってしまいました。

　パーティーの後、アパートに夜遅く帰ってくると、暗い玄関の前にボーンと包装紙に包まれた大きな物が置いてありました。それはキンブル夫妻から私へのクリスマス・プレゼントでした。

「何てことをしてしまったんだ！」

　私は情けない思いでいっぱいになりました。キンブルさんはパーティーをすっぽかした私に「プレゼントを取りにこい」と言うわけでもなく、怒るでもなく、ただプレゼントを置いていってくれたのです。

　思えば、それまで映画やディズニーランドに連れて行ってくれた時も、キンブル夫妻は私から一銭も取ることなく、ただ純粋に厚意を施してくださいました。そんな温かい気持ちをよそに、つまらないことに腹を立てていた私自身がいかに心が狭かったかを痛感させられました。そして自分が心を広くして人を包み込むようでなければいけないと思ったのです。クリスマスの夜の後、どうやって謝罪したのかは覚えていませんが、キンブル夫妻とは以前と同じ関係を取り戻すことができました。今でも彼らとのクリスマスカードのやり取りは続いています。

　今から14、5年前、カリフォルニア州のサンルイス・オビスポという、サンフランシスコから車で南へ2時間ほどの町にある、美しい海岸沿いの学校を訪ねていく機会がありました。そこは留学時代にキンブル家とキャンプをした場所でした。美しいビーチを見ていると、当時にタイムスリップしてしまい、すぐ隣にキンブル夫妻と3人の人懐っこい子どもたちがいるかのように、彼らの温かい気持ちまで心に蘇ってきました。

アメリカ人のフェアネス

1970年代の米国留学中での出来事です。前述の友人、武田君が私の留学の地・フレズノを訪ねてきた時、私は大学の寮に住んでいました。寮の食事は、専用のカフェテリアで1週間に平日3食・土日2食の計19食分を、機械で読み取る専用カードで精算されるようになっていました。

その週で食べずに余っていた分を武田君の食事に使おうと、私たち二人は食事を取って席に着きました。その時レジのおばさんがこちらをにらんでいたのがわかりましたが、自分の分が残っているのだから何もやましいことはないと、気にせず食べようと思いました。そして武田君がいざ口に食べ物を運ぼうとした瞬間、

"You can't eat the food!"
（食べちゃだめ！）

という鋭い声が飛んできました。おばさんは近寄ってきました。私はおばさんに向かって

「僕はミールプランに入っていてまだ残っている分があるから」

と話しましたが、彼女は

「あなたが食べるのはいいけど、友達はミールプランに入っていないから、いくら友達であっても食べていただくわけにはいきません」

と主張しました。

「それは納得がいかない」

　と言うと、彼女は

「上司を呼んできます」

　と言ってマネージャーを連れてきました。

　現れた人物の名はジム・プリンス。キリギリスのような風貌で、一見冷血な男性に見えました。これは勝ち目がないと思いましたが、ともかく事情を説明しました。

「僕のが余っていたから友人に食べさせようと思ったんです」

　するとジムは

「余っていたからいいだろう。今日はしようがない。これからはするんじゃないよ」

　と言ったのです。驚きでした。こうしてあっけなく私たちは無罪放免になりました。

バスボーイの仕事に就いて

　それから2、3カ月して、留学資金も底をついてきました。学生ビザで働くことができるのは学内だけ。英語もろくにできなかったので、ねらいをつけたのは学内のカフェテリアでのバス

ボーイの仕事でした。バスボーイというのは、テーブルの上に残された食べ物や食器類を片付ける仕事を意味しました。私は、先の寮とは別の、学生会館にあるカフェテリアに履歴書を持っていきました。そこの面接で向き合うことになったのは……ジム・プリンス。あの時議論をした彼でした。これはもう大変だと思いました。あの日特別ガミガミ言われたわけではなかったですが、仕事はもらえないだろうなと。

しかし彼は何を言うでもなく、まったくなんのわだかまりもなしに私をアルバイトに採用してくれました。実際アルバイトを始めてからも彼は、私がもっと仕事が欲しいと言えば希望を聞いてくれました。確かに仕事に私情をもちこむような人には見えませんでしたが、日本ならこうはいかないと思ったものです。

カフェテリアでは、テーブルに置き去りにされたゴミの片付けを担当しました。スタッフは皆、ファーストフード店のような帽子と上着の制服を着て仕事をしました。私はリーダーシップのある方でしたから、担当外の仕事も進んで手伝うようにしているうちに調理担当の学生とも仲良くなっていきました。

普通のレストラン同様、ここでも作ってから時間の経ったものは捨てることになっていました。そのルールに乗じて、キッチン担当の学生ダグは、私たちのためにわざと多めにハンバーガーを焼いてくれて、アルバイトの学生は皆、それを毎日ただで食べて

いました。上司であるマネージャーのマリオンも、その点は大目に見てくれていました。

　ある日のランチタイムに、私はいつものように制服のまま、キッチンからチーズバーガーを取って、お金は払わずそのまま一般の人の食べるカフェテリアの隅に腰掛けました。その時カウンターの列に並んでいたスーツを着た大学の幹部の人が、怖い顔をしてこちらを見ているのがわかりました。「いつもやっていることだし」と、視線を無視して食べ始めましたが、その人が上司のマリオンに何かを言いにいく姿を見た時、「ああ、これは何か言われるに違いない！」と落ち着かなくなりました。

　「マリオンに申し訳ないな。こんなところで食べずにキッチンの裏へ行って食べるべきだったな……」

　そう思っている間に、マリオンがこちらに近づいてきました。

　「マリオン、怒っているだろうな。私の顔に泥を塗ってとか言われるだろうな。ああ、マリオンに悪いことしたな……」

　ところが、マリオンが言ったのは

　「幹部の彼は 12 時から 1 時の間に必ずここに来るから、その時間だけは避けてね」

　の一言だけでした。

「僕はチーズバーガーのお金を払わず食べてしまったし、あなたに恥をかかせてごめんなさい。もうクビですよね」

　と言いましたが、マリオンは

「何かクビにする理由がある？　あなたはよく働いているわ」

と言ったのです。

　私はこんなとき、アメリカという国は "You are fired!(お前はクビだ)" と平気で言う文化だと思っていただけに、意表を突かれたような思いでした。アメリカの人は懐が深いなと感じ入ったのです。

　それから半年後、マリオンが私に「昇給してあげるわ」と言ってくれました。当時、カリフォルニア州の最低賃金は２.５ドル。私は「１ドルくらいは上げてくれるのかな」と希望的観測をしていましたが、実際上がったのはたったの 10 セントでした。「ほんのそれっぽっちかー」とがっかりしましたが、周りの人に聞いてみると、私以外だれひとり昇給していないことがわかりました。ですから、その時に賃金を上げる必要はなかったのです。それにもかかわらず、私だけは昇給してくれたのです。そうしたらもう感謝の思いでいっぱいになりました。「この人のためにもガンガン働かなくちゃ」そんな忠誠心も芽生えて、以前にも増して意欲

的に仕事に励むようになりました。当時の日本社会では、まだ女性の上司という存在が一般的ではなかったですから、アメリカで人の上に立つ女性は太っ腹だなと思いました。

　私が留学を終えて日本へ帰るためにアルバイトを離れる時、マリオンは近くにあった手拭きの茶色の紙を取って、そこに何やら書き出しました。手渡された紙に書いてあったのは「ランチ３ドル・ギフトサーティフィケート」の文字。彼女からのさりげないプレゼントに胸がじわっと温かくなる思いでした。そしてマリオンはカフェテリアのスタッフ一同でのお別れパーティーも開いてくれました。

　それから５、６年経って、再びフレズノを訪れる機会がありました。私は真っ先に学生会館のカフェテリアに行き、マリオンに会うことができました。ですが、もう１軒あった新しい方のカフェテリアはマクドナルドに変わっていました。民営化の動きの中で私企業をキャンパスに入れ始めたようで、今後はお酒類も販売するとのこと。私が２年半の間、週に 40 時間働いたあのカフェテリアも、時代の流れとともに変わりつつあることを肌で感じました。

人を信じるということ

　もう 30 年も前のこととなる 1975 年頃、カリフォルニア州フレズノの州立大学に留学していた私は、3 人の仲間と共同生活をしていました。その仲間はアルバート・フジツボという日系 3 世の学生に、明治大学出身の黒島、そして 2 年先輩の岩瀬教夫（のりお）で、岩瀬はアルバートと共にキャンパス内の消防隊員「キャンパス・ファイヤー・ファイターズ」のメンバーとなって活動する、活発で英語のよくできる学生でした。その岩瀬から、私は車の運転を習っていました。アメリカでは、仮免を取った人は助手席に免許保持者を乗せれば、日中の明るいうちは一般道を運転しても良いことになっていました。それですでに運転免許のある岩瀬が、仮免を取った私に車の運転を指導してくれていたのです。ここでご紹介する出来事は、私たち 4 人が引越しをして、新しいアパート住まいを始めた翌日のことです。

　その日、学習熱心な岩瀬が私に「今日の夕方、消防署に来て一緒に勉強しないか」と声をかけ、ボキャブラリー・ビルディングの本を題材に勉強が始まりました。私たちは普段から日本人同士でも英語で会話し、英語を上達させようと励んでいましたので、勉強にも熱が入りました。ほどなくしてアルバートと岩瀬が「お腹が空いた」と言うので、私は「すぐ近くの店でハンバーガーを買ってきます」と

言って家を出ました。その時私には「この辺りはどうせほとんど車も通らない田舎道だから」という思いがあったので、仮免の身でありながらも、ひとりで車に乗りました。ところが大通りを走っている時に、私の隣を黄色いポルシェが走っていることに気がつきました。とたんに私は「自分は免許を持っていない、どうしよう」という思いで頭がいっぱいになり、あれよあれよという間に、ポルシェに引き込まれるように自分の車を二度三度と当ててしまったのです。

　せいぜい２、30 キロのスピードで走っていたのでダメージは少なかったのですが、私は仮免の身の上でしたから、どうなることかと心臓が縮む思いでした。

　車を止めて出てきたのは金髪の女性と４、５歳のお嬢さんでした。女性は開口一番、

"I hope you have insurance."
（あなたが保険に入っていると良いけど。）

　と言いました。私は "No." と言わざるを得ませんでした。女の子が "Mom! Mom! Let's go home!" と泣きじゃくりながら母親の腕を引っ張るなか、その女性は

"I have to call the police."
（警察を呼ばなくては。）

　と言いました。無免許の留学生である私が警察に通報されれば、

72

日本への強制送還は必至です。私はたどたどしい英語ながら、必死の思いで自分が留学生であることを語り、

「お願いだから警察を呼ばないで」

と頼みました。

「免許証を見せて」

と彼女は言いました。でも見せるものはありません。彼女は

"Call the police!"
(警察に電話して！)

と叫び続けます。私は「とにかくお願いですから」の一点張りで頼み込み、彼女に

"How can I trust you? "
（どう信用すれば良いというの？）

と言われても

"You just have to trust me."
(とにかく信用してください。)

と言うしかありませんでした。さらに悪いことには、電話番号を聞かれても、引越し直後でまだ電話番号を書き留めていなかったことでした。保険もない、免許もない、電話番号もわからないでは、もう話にならないとあきれた様子の彼女でしたが、

ひとつだけ救いだったのは、事故を起こしたのが大学のすぐ近くだったということでした。そこにせめてもの信頼の糸を結びつけようと私はこう言いました。

「僕はここの大学に留学中のサミー・タカハシというもので、これまでがんばって勉強してきましたが、もしこの事件が通報されたら日本への強制送還は間違いありません。どうかなんとかしてください。僕の方から明日あなたに電話を差し上げますから、電話番号を教えてください」

　私の必死の思いが伝わってか、彼女からなんとか了解をもらうことができました。

　帰宅後も動揺していた私は、この一件を胸の中にとどめておくことが苦しくて、岩瀬のガールフレンドで日本人の心をよく理解してくれるアメリカ人のリンにこの話を語りました。やっと少し心を落ち着けた私は「このことは教夫（岩瀬）には内緒だよ」とリンに言いました。「こんなことなら、もう一生車には乗らない」と、私はその時決心しました。

　事件の翌日、岩瀬がいつものように

「おい、サミー！　車の練習にいくぞ！」

　と私を誘い出しました。"No, No!" と言って拒む私を

「もう少しで車の免許が取れるんだから」

　と岩瀬は無理やり車に乗せました。練習を終えて家に帰ると、

「お前、事故起こしたんだってな」

　と岩瀬。「リンから話はすべて聞いた」と言うのです。

「お前、得したな。だってお前は電話番号もらったけど、相手はお前の住所も電話番号も知らないだろう？　弁償しなくていいじゃないか」

「信じてもらっているんですから僕が絶対弁償しますよ。娘さんが泣く中、僕の話を聞いてくれて、僕を信じてくれたんですから」

　その日、例の女性に電話をかけて、車の修理代の見積もりを聞くと、それは 680 ドルでした。今ならば何千ドルに値することでしょう。私はチェックを送るために住所を伺い、手紙と共にその方に送りました。

　「人を見たらどろぼうと思え」と語られる世の中ですが、見知らぬ私を信じてもらった経験を通じて、私の中には「自分も人を信じ抜いていこう」という心の基盤ができました。また当然のことではありますが、その信頼に応えて行動したことも後々の自分の糧になっていったように思います。

余談ですが、事故の翌日に車の練習に駆り出した岩瀬は後日、私にこう語ってくれました。

「そういうことがあると（事故を経験すると）恐くて車に乗れなくなるものだ。だから時間をおかずにお前を乗らせて、免許を取らせてやりたかったんだ」

　そうした良き先輩のおかげで車を活用できる今の私があります。

一宿一飯の恩義

　お調子者だった若い時分の話です。

　夏の終わり、Labor Day（労働者の日）の後には、私が留学中のカリフォルニア州立大学フレズノ校に、日本から英語研修を目的とした学生の団体が毎年150人ほど押し寄せてきました。お昼になると日本人学生は皆、キャンパスのカフェテリアにやってきて食事を取ります。彼らと顔見知りになっていた私は「サミーも一緒に来たら？」と誘われ、一緒に列に並びました。

　私は食事代を現金で払おうと思っていたのですが、彼らはグループ専用の食事券をシェフに見せるようになっていました。私はシェフに

"Do you have a meal coupon? "
(食事券を持っているか？)

　と聞かれ、"No." と答えると

"Bring it tomorrow."
（明日クーポン券を持っておいで。）

　と言われてそのまま通されました。アメリカの人にしてみれば、私たち日本人など皆同じ顔に見えたのでしょう。次の日もまた次の日もそんな調子で、私はちゃっかり1週間ただ食いしてしまいました。そんなことがあって「この国ではいい加減なことをして

77

も生きていけるんだな」などと甘く考えていました。

　お調子者の私は、彼らの旅行にも便乗させてもらいました。英語研修生の日本人で、仲良くなった私よりずっと年上のケンさんに声をかけられたからです。彼は

　「俺たちにはロサンジェルス行きのツアーが組まれているけれど、みんなが行くわけではないし、どうせ予約されているから、サミーもついて来いよ」

　と私をぐいぐい誘い出しました。ケンさんは「サミーの部屋はあるから大丈夫」と軽く言ってくれていたものの、いざ現地に着くと「本当に僕の部屋はあるのかな？」と心配になっていましたら、結局空いていたのはツアーの世話をする現地スタッフの部屋だけでした。本来その部屋はその人ひとりで泊まる予定だったのに、私が泊まることになり、その現地スタッフは面白くない様子でした。私は私で「なんであいつに頭を下げて泊めてもらわなきゃいけないの？　自分で無理についてきたんじゃなくて、友達に誘われて来ただけなのに」と思っていました。お互い不満を抱えてギクシャクしながら宿を共にしたのです。

　旅行から帰ってきても気持ちがすっきりしなかった私は、そのことを同じ言語学部で学んでいた長山君に話しました。すると、長山君は言いました。

「君は一宿一飯の恩義に欠けている。だからその添乗員は君を気持ち良く泊めてくれなかったんだ」

「でも、どうせただでしょ？」

　私はそんな発想でした。

「けれども、君は一宿一飯の恩義に欠けていたんだ」

「それはいったいどんな漢字を書いて、どんな意味なんですか？」

「泊めていただくということに感謝することじゃないですか」

　私はそんなことを考えたこともなかったと思いました。今思えば、自分は若さゆえに生意気なところがずいぶんとありました。

　ビジネスにおいては貸し借りもありますが、借りは作ってもすぐに返さなくてはならない、それが社会のルールだと、この一件で学んだような気がしました。今では「一宿一飯の恩義」という言葉は、私の好きな言葉のひとつになっています。

カスタマーサービスの真髄を見た

　カリフォルニア州フレズノの州立大学に留学中のことでした。町に新しいファミリーレストランが開店したというので、私は仲間（前出の岩瀬とアルバート）と３人で早速出かけてみました。しかし開店したての店内は大変な混雑ぶりで、しばらく待たされてから席に通されたものの、待てど暮らせど、普通は注文前にサービスされるコーヒーひとつ出てきません。岩瀬はしびれを切らして「もう出ようよ」と言いました。私は１回着席したのだから失礼だと思って躊躇していましたが、岩瀬の "C'mon, Let's go." という掛け声で、私たちは出口の方へ歩き出し、今まさに外へ出ようという時、"Wait!（待って）" と言う声で呼び止められました。それは店のマネージャーでした。

　席に着いておきながら注文もしないで帰るのは何事だと怒られるのでは、と私は日本的な感覚で思いました。しかし予想に反してその人は言いました。

　「開店したばかりのこの店を私は大勢のお客様がやってくる店にしていきたい。今回は満足のいくサービスができなかったと思うが、私がこれからすぐ皆さんの注文を取ってキッチンに行き、自分で料理をします。代金は結構ですから、とにかく食べて帰ってください」

　その後、マネージャーの言葉通り、彼自身が料理を作って運ん

で来ました。彼は

「これからこの土地でこの店を大きくしていきたい。私にはあなたたちひとりひとりが大事な顧客なんです」

と語りました。

おいしくご飯を食べた私たちは、マネージャーの姿勢にすっかり脱帽し、「ただでご飯が食べられた」と喜んでいるばかりではなく、ちょっと粋なことをしようと、チップの形で食事代をすべてテーブルに載せて帰りました。

この出来事は私の胸に強烈に刻みつけられました。このマネージャーの姿勢こそが、カスタマー・サービスの真髄であると。現在、私が学校を経営するなかで、時にはお客様である生徒さんに満足いただけないこともあります。そうした時、私は全力で顧客に尽くす、あのマネージャーの姿勢を思い出し、お客様に対して私たちでできることを最大限に努めるようにしています。

留学時代の３人のルームメイト

私の留学時代のかけがえのない３人の仲間を紹介します。

岩瀬教夫は、青山学院大学へ入学した時が大学紛争のさなかで、これでは勉強にならないと１年で大学を中退し、官公庁ほかで活躍する通訳養成機関の日米会話学院に通った後、アメリカに渡ってきた男でした。

アメリカ生まれの日系人かと思ってしまうほど、常に彼はアメリカ人と一緒にいました。広範な付き合いをもつ彼のおかげで、私の交友関係はどんどん広がっていきました。部屋には毎晩違う女の子が遊びにくるといった華やかさもありました。

アメリカ人学生は岩瀬の英語のことを「少しなまりはあるけれど、ネイティブ・スピーカーの英語だ」と言っていました。また、彼には「英語を勉強しすぎて救急車で運ばれた」という嘘かまことかと思える神話もあるほどで、それがまた信じられてしまうのです。

岩瀬は私との会話もすべて英語でした。彼から日本語を聞いたのは、後にも先にも私が帰国する時の「金、足りてるのか？」のわずか一言だったのです。

大学卒業後、岩瀬はアメリカに居続けて日系の銀行に勤めてい

ました。ですが、その銀行が身売りをしたことで日本語を使うスタッフの必要がなくなったため、いつ肩たたきを受けてもおかしくない状況になりました。そんな時期に家族を連れて 10 年ぶりに日本へ帰国した彼は、日本のいたるところに温水洗浄便座が普及しているのに驚いたそうです。それに惚れ込んだ彼は、洗浄器のメーカーにかけ合い、自分の住むアメリカのカリフォルニア北部での独占販売権を取得してビジネスを行っています。私の妻にも、このビジネスをと勧めてくれたのですが、そんなところが面倒見のいい岩瀬らしいなと思います。

　アルバート・フジツボは、ロス出身の日系 3 世で日本語は単語が少しわかる程度です。「自分は源氏の血を引いている」と言っていました。岩瀬とは大学の消防隊員仲間です。彼は州政府の公衆衛生局にずっと勤務し、学生時代、いつも金曜の夜には部屋へデートに連れてきていたロレインさんが奥さんです。
　アルバートは音楽好きで、サクソフォーンを演奏します。18 年前家族でバンクーバーに遊びにきてくれた時に、「僕の夢は、僕の作った歌をセリーヌ・ディオンにプレゼントして歌ってもらうことだ」と語っていました。

　黒島達史。彼はとても頭の良い学生でした。フレズノを卒業してから休学していた明治大学を卒業し、ＪＰモルガン銀行の前身

である銀行に入り、香港勤務をしていたところまではわかっていたのですが、その後は音沙汰なしになっていました。

　ところが 15、6 年前に「バンクーバー新報」という日本語新聞を見ていましたら、「黒島達史先生来加」という広告が目に飛び込んできました。「ちょっと待ってくれ、黒島達史なんて、そうはある名前じゃない」と思って、ある団体に電話をしたところ、やはりそれが黒島本人のことであるとわかり、そこで数十年ぶりの再会を果たしました。

　黒島の学生時代の思い出といえば、ゴルフ好きの彼は、部屋でもゴルフの練習に熱を入れていて、おかげで床のカーペットはぼろぼろになってしまいました。大学卒業後、外資系の華やかな会社に入って、出世街道をまっしぐらに進んでいた当時の彼は、今ならシリコンバレーでバリバリのビジネスマンをしているだろうと思えるタイプの青年でした。ところが信仰の道に進み、いっときは宇治にこもったこともあると言います。今ではその団体の海外支部のトップを務める黒島の、丁寧な言葉遣いが印象的でした。

北米で生き抜くためのライフスキル4項目

アサーティブに生きること

　米国留学中に私が感じたショックは大きいものがありました。それは言葉の問題というよりも考え方のギャップと言うべきもので、今ならばカルチャー・ショックと言われることでしょうが、当時はそんな言葉も知らず、自分自身の体験から始まりました。

　そのひとつは「アサーティブに生きること」。すなわち自信をもって自分の意見を主張することにありました。留学中、大学のカフェテリアでアルバイトをしていましたが、自分のアパートが歩いて10分ほどの距離にあったため、仕事が終わるといつも歩いて帰っていました。ちなみに、このアパートは初めから家具が備え付けられていました。

　ある日、私がいつものように仕事を終えてアパートへ向かって歩いていると、見知らぬ人が私のアパートから出てきました。「あれっ？」と一瞬我が目を疑いましたが、やはり人が出てきたことは間違いありませんでした。驚いて

"What are you doing in my apartment?"
（僕のアパートで何をしているんですか）

と尋ねると、相手はアパートの管理事務所の人で、

「『ここの住人が家具を持って夜逃げをする』と事務所に通報が入ったから調べにきた」

　と答えました。　とはいえ私には、留守中に無断で人のアパートに上がりこむことはどう考えても納得がいきませんでした。それに私は日本人としての誇りを持っていましたから、こう言いました。

「僕は日本人だ。日本人にはプライドがあるから、そんな非常識なことはやらない」

　するとその女性は、

「あなたのことなんか知らないわよ。会ったこともないし。私は自分たちの権利でただ状況確認の仕事にきただけ」

と言い返しました。私の気持ちなど少しも気に留めていない様子でした。今の日本の状況では当時の私の発言は現実的ではないかもしれませんが、40数年前は日本人もある程度のプライドや常識を持ち合わせていたのではないかと思います。
　ともあれ今の時代のように携帯で連絡こそできないにしても、私は他に方法があったのではないかと思えて、相手の行動に納得できず気持ちが収まりませんでした。そこですぐさまアパートの管理事務所に行き、抗議をしました。
　すると事務所の人は、

「家具を持って逃げようとしたのは、あなたのアパートじゃなくて2階の人たちだった」

と淡々と言うのです。私は

"You owe me an apology."
（謝罪してください。）

と言いました。事務所の人は頭こそ下げなかったですが、

「早合点をして申し訳なかった」

と言ってくれました。もし文句を言わなければ、そうしたお詫びの言葉はなかったことでしょう。

　留学以前の私は自分の意見を主張する必要がなく、その経験をもたずに生きていました。また、いつもどちらが年上かを意識して、年上の相手よりもでしゃばってはいけないと思っていました。しかし北米では、自分が正しいときにはきっちり主張しなければいけないことを、こうした事件を通じて覚えました。

　またこんな事件もありました。15年前のカナダでのことです。帰宅途中、信号のない交差点で私が車で直進したところ、左折してきた車がぶつかってきました。直進と左折ですから、絶対に左折してきた方が悪いのですが、すぐさま背の高いカナダ人3人が車を降りてきて、私に文句を言い出しました。いきなりです。

そんな予感はしていました。

　日本人ならば、いくら海外に長く住んでいても、こんな状況ならば、ぶつかってきた相手を責めたりするよりは「お互い急いでいるのに厄介なことになってお気の毒に」と、相手を思いやる気持ちくらいはあります。しかしここでは違いました。お互いで責め合いをしたら、状況的に言って左折してきた方が悪いに決まっているのですが、相手はそれを認めようとしないのです。

　たとえ、自分が正しいことが明白でも、この国では自分から「正しい」と主張しないといけない。もし "I'm sorry." とでも言おうものなら、自分の保険で相手の車の修理まで背負いこむような結果になってしまう。日本人ならそんなとき、相手に圧倒されて泣き寝入りしてしまいがちですが、それではいけないのだと感じました。

　ところで私が主宰していた寺子屋、国際コミュニケーション塾では、ワークショップのひとつとして先輩に体験談を聞くプログラムを行っていました。そのなかで日系航空会社に勤める卒業生の吉田さんという方が、こう語ったのです。

　カナダで暮らすにあたり、日本人である自分が謙虚すぎて、その謙虚さが邪魔になることがある。自分をもっと前に押して押してと努めてもまだ足りない。例えば就職のグループ面接の際、

指名なしに各自が自由に発言する場面で、周りのカナダ人は
とにかくガンガン発言するので、自分が言葉を挟む余地がなく、
たじたじになってしまうのだと。

　また先日、バンクーバーで開かれた台湾人主催のパーティー
に招かれて参加してみたところ、台湾の人たちは顔は日本人と
同じアジア系ではあっても、態度がまったく違うことに驚きまし
た。それは司会や前に立って発言する人々に、日本人にありが
ちな恥ずかしさが見られない。非常に堂々として、すごい迫力なの
です。しかも決して流暢な英語で話しているわけでもありません。
日本人は負けているなと思いました。

　そのパーティーの場で、私は主催者からその場でいきなりスピー
チを依頼されました。同行した我が社の台湾人スタッフは「大丈
夫ですか？」と心配してくれましたが、大丈夫だと告げて、そ
のスピーチを引き受けました。こんなときに日本人は「自分の英
語は下手で」などと言って、恥ずかしさや遠慮で引っ込んでしま
うことも多いですが、それではいけない。アサーティブに生きなくて
はと思うのです。

クリティカル・シンキング
　「クリティカル・シンキング（critical thinking）」とは「相手が
言うことを鵜呑みにせずに物事を論理づけて正しいかどうかを判

断する」ことです。ロジカル・シンキングもクリティカル・シンキングも思考法の一種で、日頃から心掛けていないと、いざというときにしまったと思うことが、ここ北米ではよくあります。

　日本ではそうした考えがまだまだ広まっていないと思います。小・中学校の勉強といえば覚えることが中心です。ＮＨＫで放映されていたテレビ番組『その時歴史が動いた』では、「その時、実はどうだったんだろうか」と史実を探求していますが、学校での歴史学習はそうではなく、「何年に何が起こった」といった事実の暗記に終始しているのがほとんどでしょう。

　また、日本の新聞や雑誌に載っていることは、皆その通りと受け止められがちです。たとえば、「英語の教材を聞き流すだけで、ある日突然英語が話せるようになった」、「飲んだだけで○キロ痩せる」といったたぐいの広告があります。ある意味では詐欺まがいですが、こうしたものが一流新聞で頻繁に掲載されており、霊感商法なども含め、そうしたビジネスがある程度まかり通っています。それは根拠を探らずにフィーリングだけで物事を信じ込んでしまう人が多いからでしょう。
　たしかに文字になった情報や、上の人の言うことが信憑性高く感じられるのはやむを得ない面もありますが、こうした広告に踊らされてしまう最大の原因は、日本人の多くに論理的な思考習慣

がないことにあると思います。

　情報を無批判に受け入れず、まず論理に飛躍がないかを考えてみれば、ことの真偽は見えてきます。かくいう私自身も、もとからそうした態度ができていたわけではなく、ディベートが盛んなアメリカでの留学生活では、クリティカル・シンキングのスキルを身につけざるを得なかったのです。

　本書の「上司解雇事件」で登場する上司は、日本で出会った人のなかで唯一、クリティカル・シンキングのできる人でした。彼は私にいつもこんな話し方をしました。

　「社長はあんなふうに言われていますが、高橋さん、あなたはどう思いますか？　社長の真意はどうだと思いますか？」

　あの発言は本音なのか、それとも違う意味があるのではないかと、彼はつねに裏を読んでおり、かつそれをするのがとても上手な人でした。日本では上に立つ人に「こうしろ」と言われたら、「こうするものだ」と思っていましたが、その上司は、言外の思いを積極的に推し量るといった「相手を読む訓練」をさせてくれました。その上司の巧みな思考法は自分にとって刺激的で、当時はクリティカル・シンキングを仕事に生かすことがたいへん楽しく思えました。

　それ以前から私の問題意識のなかに「野球ではピッチャーの投

球が高めのストレートでくるか、落としてくるかなど、読みをき
かせるのに、どうしてこれが仕事で使えないのか」という考えが
ありましたから、それが生かせた喜びはひとしおだったのです。

　ともあれ日本では広まっていないと述べたクリティカル・シン
キングですが、日経新聞に「文部科学省の設置した特別区の学校
で、論理的思考法を訓練するクラスが設けられた」という記事を
見つけました。こうした動きが日本でもどんどん広がっていくこ
とを期待します。

問題解決能力

　私が長年学長を務めていた英語学校に来ている日本人学生から
悩みを聞いていると、異国における言葉の問題以前に、問題解決
の考え方が身についていないケースが見受けられます。自分の望
みが何なのか、それに対する現状はどうか、だからどうすれば希
望に近づくのかという、基本的な問題解決の方法を知らないので
す。

　ある女子学生が「ホームステイ先を変えたい」と相談にきたこ
とがありましたが、ホームステイを変えたい真の理由を述べずに、
つまり、本音を言わずに理由をすり替えてうちのスタッフに伝え
ていました。本当の理由はセクハラにあったようなのですが、

それが言えずに食事のことや、学校までの距離が遠いことを理由にしていました。おそらく恥ずかしさもあってなかなか本音が言えなかったのだと察しますが、私は、学生たちにどんな手順を踏んでいったら問題が解決できるかを考えてもらう機会をできるだけ作ることにしています。どの国で暮らすのであれ、問題を解決する思考方法を身につけておくことは、生きていくうえで不可欠なことだと思います。

コンストラクティブ・クリティシズム

　コンストラクティブ・クリティシズム（constructive criticism）は訳すと「建設的な批判」という意味になります。人間誰しも自分を批判する人を避けようとしますが、善意による建設的な意見であれば、ビジネスのためにも、個人の成長のためにも耳を傾けないといけないのではと思っています。

　1994年に野口氏の援助で英語の学校を開きましたが、会社名を考える際は、自分なりの思い入れがあったために人からの意見がなかなか聞けずにひとりで進めました。いったん私が決めた名前について当時の会社のスタッフは皆、「サミーさん、素晴らしいですよ」と褒めてくれたので、その学校名で会社を登記しました。
　ところがその後のある日、カナダ人スタッフのひとりが学校名を見て

「これはひどい名前ね。これは良くないわよ、サミー」

　と私に向かって言ったのです。

「ちょっと待ってよ、これはみんながいいって言ってくれたんじゃないの？」

　と言いましたら、周りの社員の反応はこんな感じでした。

「それはサミー、社長の言い出したことだから、お気に召さないことは言いたくなくて」

　そうした発言があって学校名を途中で変えましたが、今も会社の証明を出す際などに、当初の名前に触れては「実はこんな名前だったんだ」と語っています。もしあの時、スタッフのひとりが「これはひどい名前ね」と言ってくれなかったなら、いまだにその名前を継続して使っていたことでしょう。そして陰で「実はひどい名前でね」とささやかれ続けたに違いありません。

　当初は自分で決めた名前への思い入れが強かったために、周りの社員は皆、「社長がそこまでいうのなら」とあきらめてしまっていたようです。しかし、そのままでいたなら「裸の王様」のように、自分の耳に心地良いことしか言ってくれない人で周りが固まってきてしまったでしょう。日本の会社組織では「社長」という心地良い響きについ酔いしれて「裸の王様」になってしまうワンマン社長がたくさんいるのではないでしょうか。

ただの批判ばかり言う人は好きではないですが、善意で建設的な批判をしてくれる人は、社会にも個人にも大切な存在だと私は思います。しかし多くの場合、雇用される側の人はこうした提言ができないでいます。「社長がこう言っているから」とあきらめ、それで会社に損をもたらしています。自分も含めて会社でトップの立場にいる人は、批判されるとまず「いや、そんなことはない」と反論するものだと思いますが、それでもあきらめないでほしいものです。私心からでなくて、会社のことを思って発せられた建設的な意見ならば、きっと伝わるものがあると思います。

　では内部告発についてはどうでしょうか。日本のどこかの自治体で、内部告発を行った人に対して、その人の会社や団体での立場を守る窓口があるという話を耳にしました。企業などの上層部の圧迫がそれだけ強いということなのでしょうが、上にもっていけずに黙っているのもいけないですが、内部告発をするというのも寂しいなという気がします。なぜなら、自分の上司や会社のトップに会社の不正行為を正すように進言できないで内部告発の手段に出る人ならば、他社へ移っても通用しないのではないかというのが私の意見です。経営トップの倫理観が欠如しているのならば、個人にもその会社にも明るい未来はないと判断して、見切りをつけるくらいの覚悟がほしいものです。

第3章

社会に身を置いて（20代後半〜30代）

自主退学第1号となった大学院

　アメリカ留学を終えて日本に帰った直後、私は学んできた言語学を続けたいと、大阪にある私大の大学院へ進みました。留学中の教授は自分にとって大きなインパクトのある存在でしたから、自分も言語学を学び続けて、将来は大学で教えることができればと、大きな期待をもって入学しました。しかし実際の大学院は期待していたものと全く違っていました。

　15名ほどの研究室に面白味のある学生は、庄司さんという北欧帰りの人ただひとりでした。以前は有名大学で教鞭を執っていたという教授もまったく覇気がなく、お昼近くになるとそわそわして説明も半ばにしてしまうような人でした。そんななか、研究室の学生のひとりは私に言いました。

　「もし君がこの大学で助手、助教授、教授と上がっていきたいなら、早いうちに自分の付く教授を決めて、教授のカバン持ちをしないといけないよ」

　それを聞いて私は「そんなばかな。学問を追及するために来ているのに、全くとんでもないところに来てしまった」と思いました。せめてもの救いは、外国語大学だけに留学生が多く国際的な雰囲気があったことと、もとから興味のあった音声学の教授の授業には、客員教授の本籍の大学まで足を運ぶほど夢中になれたこ

とでした。

　大学院の１年の前期分を自分が稼いだお金で通いましたが、後期の学費には奨学金が当たることを期待して、というよりは当然自分がもらえるものと決め付けていました。ところが、ひとりしか枠のなかった奨学金に当たったのは、家が商売をしている別の学生でした。サラリーマン家庭よりも自営業のほうが当たりやすいという噂は本当でした。「大学に魅力が見出せず、学費の当ても外れた今、ここに通い続ける理由はない」と思い、堂々と自主退学しました。

　退学の手続きをした後に、教授から

「どうして決断前に相談してくれなかったんだ。ここの大学で大学院に来て自主退学するのは君が初めてだよ」

　と言われました。こうして大学院最初の自主退学者となった私ですが、とても学問を追及する場とは思えなかった学び舎を去ったことに後悔はありませんでした。そんなわけで、やがて大学で教鞭を執るという夢もはかなく消えてしまいました。

プロ写真家を目指す

　アメリカで目にした雄大な景色をすべて脳裏に焼き付けたい——それが留学時代の思いでしたが、悲しいかな時と共に記憶が色褪せることは止められません。それならばカメラでと思うものの、たとえ写真で撮っても見た通りには写りません。そんなもどかしさを感じて、いつか機会があればしっかり写真の勉強をしたいと思っていました。

　その思いを決定的にしたのは留学中の友人、黒島達史君の卒業式の日でした。明治大学を休学して留学していた黒島君の卒業式に、私は写真を撮ってくれないかと頼まれたので、カメラを持参して何枚もシャッターを切りました。ところが事もあろうにカメラの中はからっぽ。フィルムが入っていなかったのです。私はとんでもない失敗をしでかしてしまいました。後にも先にも再現できない、その大切な時を残せなかった苦い思いが心に強く残りました。

　帰国後、私は毎日夕方から英語講師の仕事をしていました。今風に言えばフリーターです。講師の仕事の収入で生活には十分でしたが、他に何か天職と言えるものを探し求めていました。その時頭のなかにあったのが写真でした。

　ちょうど兄が管理業務を担当していたビル内に、芦屋の有名な

写真家・ハナヤ勘兵衛氏のギャラリーがありました。兄に紹介を頼み、ハナヤ勘兵衛氏に「弟子入りさせてください」と頼み込みました。私の経験を話すとハナヤ氏は

「アメリカで大学まで行ったのなら、その英語の道を変えない方が良い。写真の道はとてもじゃないが簡単じゃない」

と諭されましたが、それでも懲りずに何度も足を運びました。しかし

「スタジオのスタッフにも聞いてみたが、君の面倒を見切れない。足手まといになる」

と断られました。その代わりにハナヤ氏の教え子（西野先生）が講師をしている心斎橋の写真学校を紹介されました。私はそこで芸術写真の講師であった滝沢遼平先生に出会いました。80歳を過ぎた滝沢先生はいつもパイプをくゆらせており、写真に関しては一家言ある人物でした。

私が仕事のために「次の授業を休みます」と言うと、滝沢先生は一言「かまわん、損するのは君だから」。そんな身も蓋もないことを言われて、どう受け応えて良いかわかりませんでしたが、面白いことをいう方だなとも思いました。

自分で写真を撮り始めるようになると誰かに見てもらいたい

ものです。私は自分の気に入った作品を滝沢先生に見せました。
すると第一声

「これは何の写真だ?」
「何の写真と言われたって……見てわかりませんか?」
「わからん。これはただ写っているだけ。こんなものは全く意味
がない」

　そんな風にズバズバと言い放たれ、全然相手にされませんでし
た。しかしまったく悪気のない方で、私はそうした滝沢先生にど
んどん魅了されていきました。コーヒーのお好きな方でしたから、
これはひとつ、コーヒーをおごって写真の技術を聞き出そうと思
いました。
　当時28歳だった私は、高卒で写真学校に入学した周りの学生
よりもはるかに年上でしたから、彼らに「おじいちゃん(滝沢先生)
の話を聞きにいこう」と声を掛け、たびたびカフェで滝沢先生か
ら話を聞かせていただきました。

　滝沢先生が街の写真展に出かけるときにもよく付いていきまし
た。写真展に行くと、普通の人は写真家にお世辞だけを言って帰
りますが、滝沢先生は違いました。褒めるところは褒めますが、
批判するところは批判し、しっかり意見を戦わせるのです。そう
した彼の姿を目の当たりにすることは私の刺激になりました。

滝沢先生の芦屋の自宅にお邪魔した折には、カナダ人と結婚したお嬢さんの話から、滝沢先生は「君に写真を教えるから、君は英語を教えてくれないか」と話していたものです。とてもモダンな方でした。

　さまざまな技術を教えてくれた滝沢先生は、一人前の写真家となるための登竜門になっている国画会（通称・国展）のメンバーにと私を引っ張ってくださいました。その頃私は抽象写真に入れ込んでいて、夜の街に浮かび上がるネオンサインや大きなシャボン玉が織り成すデザインを部分的に撮影した幻想的な写真を作り出していました。縦が１メートルほどもある私の作品３点が審査委員会に運ばれ、国画会の１作品としていよいよ上野の美術館に展示されると思っていた矢先にショックなことが起きました。国画会の名誉会員の先生のひとりが突然亡くなって、急遽その人物の回顧展となり、私の展示スペースはなくなってしまったのです。

　この時点でサラリーマンになる覚悟ができていた私ですが、それでもあきらめきれずにポートフォリオ（自己作品集）を持参して写真関係の就職に当たってみました。アフリカの荒野をジープに乗って撮影するカメラマンの助手や、スーパーマーケットのブリやマグロなどを撮る商業写真の仕事などなど。それまでも写真学校に通いながら、修学旅行や卒入学式の写真撮りなどのアルバイトを通じて、仕事としての写真の世界を見てきましたが、現実

を知れば知るほど写真業界はそう華やかな世界ではないと思えてきました。

　やはり決定的だったのは、多額のお金もつぎ込んだ作品が国展に落選したことでした。その後のプロへの道が見えず「もうこれ以上続けられない」そう決断しました。

　滝沢先生に直接会って「あきらめます」と肩を落として報告すると、先生から返ってきたのは「なんだ君もサラリーマンになりさがるのか」との言葉です。写真が好きでたまらなくても周囲の状況からあきらめざるを得なかっただけに、先生のこの言葉は胸にぐさりと突き刺さりました。

　しかし中途半端は嫌でしたし、手元にカメラがあると未練が残ると思い、カメラ器材を一切手放してしまいました。その後の私は、周囲から「写真を撮って」と軽い調子で頼まれると、「ただで撮るなんて便利屋のようで嫌だ」とものすごいプライドがありました。そのためもあってカメラを売り払い、写真から遠ざかっていたのですが、それから数年経ってからようやく、ちっぽけなプライドやこだわりがなくなり「趣味で続ければいい」と写真を楽しむようになりました。今や写真もデジタルの時代です。宿題提出のために、明け方まで自宅の暗室で過ごしたあの頃が時どき懐かしく思い出されます。

私の人生を変えた3人の師

戎家（えびすや）さん。なぜか普段から白衣を着こんでいる研究者タイプのこの方とは、私が最初に勤務した会社で出会いました。豪快で迫力のある人だと感じていましたが、実直で人におべんちゃらを言うこともなければ出世欲もない、自称「一番給料の低いマネージャー」でした。その彼が、本書118ページで登場する29歳の副社長による奇策の中で、新部門のリーダーに大抜擢されました。

ところで私は31歳で初めて会社員になりました。それまではずっと今でいうフリーターをしていましたが、アルバイトでしていた英語講師のままでも、ひとりなら十分に暮らせるだけの収入を得ていました。ところが正社員待遇になったにもかかわらず、他にアルバイトができない分、かえって以前よりも収入が下がってしまいました。そこで給料を上げる方法を考えて営業に移らせてもらったところ、1年足らずで営業本部に引き抜かれました。同時に「教育部門も担当しろ」と兼務を任じられました。教育部門の課長をしていた私の上司はまさに悪の権化、スターウォーズの悪者のダース・ベイダーのような人物でした。彼は社長のお気に入りでしたが、絶対的なパワーを持って君臨しているような存在でした。

それはさておき、この会社では、新入社員に社長の哲学が書か

れた会社概要を読ませて感想文を書かせる、一種の思想調査とも思われることが行われていました。社員たちは皆、「感動しました」とか「良かったです」といった当たり障りのないことを書いていたと思います。私は入社から1年以上経っても未提出だったので、ある時、社長から直々に感想文を提出するように言われました。私はすでに実務を1年以上も経験していたため、その時書いた感想文は会社内部に対する痛烈な批判が中心となりました。「もっとこうすれば会社は良くなるのに、誰も新しいことをやりたがらないし、上司は責任を取りたがらない、うんぬん……」と平気で書いていました。そんな感想文を読んだ社長は、かえって気概のある奴だと思ったのか、「お前は社長室に自由に出入りして良い」と私に許可を与えました。

　私がしばしば社長室に出入りするようになると、社長の取り巻き連中は「そんな訳のわからない者が社長室に出入りされたんじゃ何を言われるかわからない」と思ったようです。そして何かにつけて「お前は組織を潰す気か？」「大人気ない」「お前、ここがどこだかわかっているのか？　アメリカじゃなくて日本だぞ。いいか？　上には合わせるものだぞ」と私を脅したり、諭したりしようとしました。
　社長にダース・ベイダーのことを語ると「課長（ダース・ベイダー）の上に頼りになる部長を付けるから、どんどん好きなことをやって

くれ」と言われましたが、その部長もダース・ベイダーとはつながっており、私の言う仕事内容に対する批判もすべて個人攻撃のように取られた上、情報はすべて筒抜け状態。結局、反対勢力が強められる状態に置かれた私は牙を抜かれつつありました。

　そうして私がやる気を失いかけていた頃、怪物戎家さんに出会いました。彼は

「お前が高橋か。話は聞いとるぞ。あいつ（ダース・ベイダー）は態度でかいけど、あそこは小さいぞ。がんばれよー」

　と大きな声で激励してくれました。アメリカに10年住んだという背景もあってか、とにかく豪快でワイルドな戎家さんに"Be yourself"自分らしく生きていったらいいんじゃないのと言われて初めて、「俺はちっぽけなことで悩んでいたのかな」と思えてきました。そうしてやっと自分を取り戻すことができました。

　ある日、めったに飲みにいくことのないダース・ベイダーに飲みに誘われました。店に入り注文したビールを私のコップに注ぐと、彼はいきなり

「すまん、今日は謝りたいことがある」

と切り出しました。

「この会社で俺は課長止まりだ。今日社長にそう言われた。お前は永遠に俺の部下だ。わかるな」

課長止まりの上司のもとで、私には今後の出世の見込みはないというわけです。

　そんな話を聞かされて以来、私は自分の思いのままに仕事に当たりました。ダース・ベイダーの下の、私と同等な立場にある社員たちをまとめて、私はそのリーダーとなる形で部署内に自分のオフィスを作りました。稟議書など通さず「自分にはオフィスが必要」という主張だけ。「言ったもの勝ち」といった感じで通してしまいました。そんな風に周囲の圧力にとらわれず、自分で仕事をバンバン進めていく気概を後押ししてくれたのが、戎家さんでした。

　２人目はベト山内（やまのうち）というニックネームで知られた山内英郎さんです。戎家さんと同様、ベトさんにも最初に勤めた会社で出会いました。ベトさんは昔、タイムライフ社の大阪支社長をしていらっしゃった方で、彼の一流のネットワークに注目した私の会社は、彼を嘱託として登用しました。そしてビジネス・コミュニケーション・センター部門の立ち上げを担当することとなり、共に働く機会を得ました。彼は私によく言いました。「サミー、いいか、ここにいる連中はみんな牙を抜かれて腐っている。こんなちっぽけな世界にいちゃだめだ。外を見ろ、外を見ろ」と。そして何度か東京に連れて行っては、私を一流の人物に引き合わせてくださいました。ベトさんは言いました。

「君は見込みがあるから紹介をするが、俺の名前は使うな。つなぎ役はするが、つないだ俺の友人の部下たちと新しい時代を作っていくのは君次第だ」

　会社が荒廃してきた時には、ベトさんは私の手を取るようにして、ＴＯＥＩＣテストの創始者である彼の親友・北岡靖男氏に会わせてくれました。

「北岡は仕事で１泊だけ大阪に泊まるから、お前を顔合わせするぞ。いいか、サミー、用意しておけよ」

　と言われ、その時の私としては、そんな大人物に会ってもどうしたらいいかわからない気持ちでしたが、後々にその出会いが私に大変大きな役割を果たしてくれました。

　ベトさんとの出会いから、人生は勉強や仕事ができることうんぬんではなく、人との出会いをいかに大切にするかによって決まってくるものなんだと学ばせてもらったように思います。

　そんなベトさんは、私生活ではアルコール依存症で周りから顰蹙（ひんしゅく）を買ってしまう面もありましたが、その実、すごい人でした。いくつになっても子ども心をもったとても根の優しい人でもありました。彼の不思議な魅力で私は自然と彼の世界に引きずり込まれてしまっていました。普通の人からは相手にされないような彼が外に見せる態度は、実はカモフラージュだっ

たのかもしれません。

　私と一緒だった会社を退職後、ベトさんはハワイで 10 年ほど暮らしましたが、2001 年、あの 9.11 以降、ビザの更新ができなかったために、無念の気持ちを抱えて日本へ帰りました。
　身内は彼のことを見放していたために彼は独り身で過ごしていました。彼が重い病気にかかり、余命いくばくもないという状態になった頃、遠くにいる私は気掛かりで仕方ありませんでした。そのため私はハワイで知り合った「幕屋」というキリスト教団体の牧師さんに紹介を受けて、神戸の田中神父に手紙を書き、いずれ来る死を待つベトさんの心を少しでも安らげてもらえるよう頼みました。
　田中神父は見ず知らずの彼のもとへ何度も足を運んでくださいました。そうして無神論者だった彼が、亡くなるひと月ほど前、1 度死にかけた時にこう語っていました。

「死にかけたあの時、俺は死ぬとわかっていて、天国か地獄かわからないが決まった場所に行く飛行機に乗るために空港に来ていた。だが便があまりにもたくさんあって、俺はいったいどの便に乗ればいいのかまったくわからなくて慌てふためいた。何時何分に発つと言われているのに、どの便で地獄に行くのか、どの便で極楽に行くのかちっともわからなかったんだ。ところが神父さんと一緒にお祈りしたおかげで、神なんか信じたこともなかった

俺が、今度その時が来たときには安らかにどの便で行けるかがわかった。サミー、お前も用意しておけよ」

田中神父は彼の死後に「一度もお祈りをしたことのない人が、一生懸命手を取ってお祈りをしている姿が美しかった」と語っていました。

ベトさんは「俺を自分の家の墓に入れてくれるな。俺をハワイに連れて帰ってくれ。太平洋の海にばらまいてくれ」という言葉を遺（のこ）していきました。私はその遺志に従ってハワイの海に彼の遺灰を撒いてきました。

それから2年後の夏に、私の妻は自宅の裏庭にビールの空き缶がひとつ転がっているのを見つけました。「誰だ？　こんなところに」と拾おうとしましたら、空き缶の隣には写真が1枚伏せて落ちていました。写真を表にしてまたびっくり。それはベトさんと私たち家族が一緒に写った写真でした。何だか気持ちが悪いなと思いながら家内にそのことを言うと「あなた、今日はお盆よ」と言うじゃないですか。私はまたベトさんが呼んでいるんだなと思いました。まるで天国から「サミー、俺のこと忘れるなよ、お前！」と声が聞こえてくるようでした。

野口久雄氏は私が一世一代の窮地に追い込まれていた時に、多額の資金を投じて救い出してくださいました。そして以前、私が

経営していた会社の会長になってくださった方です。

　野口氏とつながりをもつことになった最初のきっかけは、ＴＯ
ＥＩＣにあります。故北岡靖男氏の開発したＴＯＥＩＣテストを
陰で支え、運営する会社を経営していた野口氏のことを、友人の
木目田さんとの接触から伺う機会ができました。そして野口氏に
会う寸前まで来るのですが、大きな世界を動かす野口氏の存在は
とらえどころがないように思えました。そして自分がその器には
ないと思い、お断りしていました。

　しかしその後、私の勤めた２番目の会社（カナダに来るきっか
けとなった会社）が潰れ、私が立ち上げたカナダ校で百数十人の
学生を抱えながら行き詰まっていた時に、野口氏は面識も少ない
私に３千万円もの投資を行って助けてくださいました。この時の
いきさつは「カナダへ来るきっかけ」（p.141）で語ろうと思いま
すが、資金的にも精神的滋養にも大きな役割を果たしてくださっ
た、かけがえのない恩人のひとりが野口氏なのです。

　野口氏はご自身の経営する会社では、会議中に社員を叱りつけ
ることもしばしばということで、たいへん厳しい方だと聞いてい
ますが、私にはいつも紳士的な方です。また、投資家の方は「金
は出すけど口も出す」のが普通ですが、野口氏は「金は出すけれ
ど口は一切出さない」という太っ腹な方でもあります。

　生い立ちなど伺うと、家は決して裕福ではなかったそうで、野口氏

は小学生の頃から、子どもたちの間でボス的存在のガキ大将であったということです。そうした理由で小学校の朝礼の時には全校生徒の前で担任から張り倒されたこともあるそうです。ですが、その担任が後に教師を辞めて実業家となった時に、野口氏に声を掛け、野口氏は25歳で社長業に就いたという経歴をおもちです。この方との出会いを語らずして、今の私を語ることはできません。

空から落ちてきた不思議な財布

　1988年、世間では国際化国際化と言われて企業がどんどん海外に進出していた時代。私は勤めていた某英会話スクールの企業内英語研修部（ビジネス・コミュニケーション・センター）の部長となりました。事業を企業に展開していくため、また30代の私をサポートするためにと、「タイム・ジャパン」のトップを務めた経験をもつ、人脈豊富な山内氏が私の部署の嘱託となり、自分にとっての上司役となっていました。

　ある日、秘書から「アポイントなしのお客様が高橋部長に面会を希望されていますが、いかがいたしますか？」と連絡がありました。私はその方を会議室にお通しするよう伝えました。その方の年の頃は70、スーツ姿で頭ははげ上がっていました。名前は「島津」と言い、ある会社の会長であると名乗りました。それを聞いた私は「ひょっとしたら大口の仕事が取れるかもしれない」と胸が高鳴りました。

　その方は「アポイントも取らず肩書きも名乗らずやってきた私を丁重に迎えてくれるとは、君はなかなか見所のあるやつだ」と語りながら、

「自社で社員を海外派遣していくにあたり、会社の中で英語研修を進めるのに適当な英語学校を探している」

と話を切り出しました。途中でその方は「わしは手が不自由で」と、自身の震える手について言葉を挟みながら

　「明日の朝9時に、社長である息子を連れてくるから英語研修の話を進めるように」

　と私に言い渡して、その場での会話を終えました。私は心のなかでガッツポーズをしたいような気持ちでいました。

　いつもならお客様の見送りをエレベーター前で行っている私ですが、この時ばかりはビルの出入り口まで行って見送ることにしました。ビルの外に出るドアの手前でその方は

　「公衆電話はあるか？」

　と私に聞きました。その時代には携帯電話もスマホもありません。なんでも自分の車は大きな車で、小さなところには駐車できないため、運転手を途中で待たせており、こちらに迎えにこさせるために電話をしたいということでした。その方はポケットに手を入れて

　「小銭はあるか？」

　と尋ねました。私は自分の財布の中に5000円札が1枚入っていただけでしたから、お客様のお金を両替してきましょうと伝えたのですが、その方は「それで良い」と言うので、私はその

5000円札を渡しました。

その方は

「明日朝一番に封筒を渡すから、中味は見ずに黙って受け取るように」

　と私に告げました。私は大きな魚を得たかのごとく気持ちが舞い上がっていましたので、そんな話はほとんど耳を通過していました。その方に深々とおじぎをして見送った後、私は喜び勇んで上司の山内氏に大口顧客を獲得できそうだと報告しました。すると

「馬鹿だな、お前。それは寸借詐欺って言うんだよ」

　と山内氏。

「山内さん、『すんしゃくさぎ』ってどういう字を書くんですか？」

　などと聞き返す私に山内氏は

「まったくお前は "wet behind the ears（青二才）" だよ」

　と言ってさらに馬鹿にした調子です。「とにかくお前はそいつにお金を騙し取られたんだ」という山内氏に「明日必ず息子さんが来ますから」と私は強く主張しましたが、心の中では先ほどまで周りも見ずに、ただ浮かれていただけの自分に嫌気が差していました。

　しかし自分は人を疑うことができず、翌日、約束の9時前から会社のビルの前でお客さまを待ちました。山内氏も一緒です。

9 時半近くになった頃から山内氏は

「来るはずがねえだろ、バカヤロウ。お前、俺の時間を無駄にするなよ」

　と言い始めました。私は

「どうぞ山内さんはオフィスに戻ってください。私ひとりで待ちますから」

　と言いましたが、結局二人で 9 時 45 分まで待ちました。もうさすがにだめだと思った時、ふと目をやった私の足元に細長い黒の財布があることに気がつきました。

「財布が落ちてる！」

　何がなんだかわからなく思わず叫んでしまった私に、山内氏が

「中味がいくらあるか見ろ」

　と言いました。中には 1 万 5000 円が入っていました。

「山内さん……」
「天からの恵みだ。つべこべ言わずもらっとけ」
「そんなことできないですよ」

　そんなやり取りをした後、私は思わず天を仰ぎ「これは何なんですか？　僕に良心があるのか試しているのですか？」と尋ねました。その時「これはもらってはいけない」と思った私は、その

財布を駅近くの警察署に届けました。

　その財布には持ち主の情報がなかったこともあり、結局1年経っても持ち主は現れず、そのお金は私のもとに返ってきました。その時私は再び天に聞いてみました。その時の答えは「寄付しなさい」というものでした。それでこのお金を慈善団体に寄付することにしました。

　あれから10年程経ったある日、当時の同僚に先ほどの詐欺事件の顛末を話したことがあります。友人は

「その5000円と1万5000円の計2万円はお前のものだったのにな」

　と言いました。彼自身は頭の良い人ですが、経済的にはずっと落ち着かない生活をしていました。彼のこの言葉を聞いた時、私の胸中で一つの確信が得られました。「今まで自分は目先だけを見た生き方をしてこなくて良かった。自分の生き方を続けてきて良かった」と。今でも日々つねに自分の心をピュアにしておかなければいけないと感じています。

職場での上司解任事件

「人生は小説よりも奇なり」と言いますが、私がカナダへ来る前に働いていた会社で、まさにドラマのような出来事がありました。いわゆる親族会社で、創業者は自分の手で事業を成し遂げる器の人でしたが、周りは親戚で固められ、彼らは実力のあるなしにかかわらず重要な地位に就いていました。

社長はビジネスに動物的な勘をもっている人で、彼の持論に「企業30年説」があり、それは「最初の10年はがむしゃらに伸び、次の10年は安定期、翌10年で企業は滅びていく」というものでした。「身内に任せていたら企業は潰れてしまう。会社に新しい血を入れよう」と社長は英断し、実務上の社長業を務める副社長に、入社してまだ3、4年という29歳の社員を突然任命しました。副社長に任命された若者は、大柄で背が高く、髪は長く、何か野武士のような雰囲気の持ち主でした。

「次期社長は自分」と、したたかにその座を狙っていた年配の社長の取り巻きやその部下にとって、いきなり29歳の新米社員が上に立ったことは、ひじょうに衝撃的でした。

私の目には会社がこの新任の副社長に「どんどん好きなことをやりなさい」と言われて伸び伸びと働く若い社員と、「この上司に何を要求されるかわからない」とびくびくしている社員とに

二分されているように見えました。

　当時35歳だった私は、その人事でこの副社長の右腕として抜擢されました。「どんどん改革しましょう」と副社長に言われて、もともと「出る杭」の私は張り切りましたが、彼は何しろ29歳ですから、時には若気の至りで無茶なこともやりました。また若さゆえ、生意気なところもあったので、「これは周りから反感を買うな」と心配でした。副社長が就任してしばらくすると、社長が体調を崩して療養に入られました。すると副社長の存在を喜ばない連中が彼を失脚させようと陰謀を働いたのです。

　ある日の夕方、副社長に「大事な話があるので」と呼ばれて、私は副社長室に出向きました。

「実は明日の朝、あなたが出勤した時、ここのオフィスに僕は座っていない。僕は解雇になる。覚悟しておいてください。おそらくここの話もすべて盗聴されていると思いますから。後はよろしく頼みます」

　と告げられました。事情はこうでした。以前の幹部たちが「副社長は会社の地位を悪用している」と話をでっちあげて社長に報告し、社長が「見損なった」と言って、もうすでに副社長解雇の決定を下していると。

　翌朝出勤すると、副社長の姿はなく、彼の席には元の幹部が何事

もなかったかのように座っていました。仕切りなく見渡せる広いオフィスでは、副社長の秘書の女性が床にしゃがみこんで泣きじゃくっていました。全国100カ所以上ある支社へ、Eメールがない時代なので、ファックスで送るべく用意されていた副社長解雇の通達文書を、副社長に忠誠心のあった秘書の彼女が、びりびりに破ってフロアで泣き崩れていたのです。

「副社長が解雇になりまして！」

　周りにいた６、70人の社員たちはみんな見て見ぬふりでした。秘書の女性に駆け寄ったのは、日頃から出世よりも正義感を重んじる先輩社員と人事部所属で定年間際の社員、そして私のたった３人でした。憤慨している私は周りで沈黙している社員が信じられませんでした。

「お前、これを黙って見ているのか？」

　と同僚に言うと

「高橋。悪いけれど俺には家族がいるから」

　そんな返答だけでした。

　「ばかやろー！」と言ってやりたい気持ちでしたが、言う気も起きず、「何だ？　お前の正義感は？　小学生や中学生の時に親からいったい何を習ってたんだ!?」と心の中でつぶやくばかりでした。

この日私にはさらに驚くべきことがありました。同じ日の人事で、私は突然大昇進となる辞令を受けました。「こんな馬鹿な話はない！　副社長が解雇され、その右腕の自分が大出世するなんて！」と、すぐ幹部会議のところへ行きました。

「これ何なんですか？　冗談でしょ。僕もう辞めさせてもらいます」
「まあまあ高橋君、そう言うな。彼（副社長）は悪いことをしたが、君とは関係がない。どうかこのポストを受けてくれ」
「いや、こんな馬鹿らしい会社にはいられません」

　翌日にも会社を辞めるつもりの私でしたが、家族の反対を受けたため、ひとまず辞職よりも転職先を見つけることを先行することにしました。その後も「飛ぶ鳥後を濁さず」と、段取りを整えながらまじめに仕事をしていたつもりでしたが、会社には辞めることを告げていましたので、社内での私の扱いはいい加減なもので、最後のボーナス支給時の査定は最低でした。

　事件から6カ月後、私が退職する時に、創業者の社長が声を掛けてくれました。会社がまだ小さかった頃の社長は、道で擦れ違ってもポンと昼食代を出してくれるような気の良い方でしたが、会社が大きくなってからは個人的な関わり方もできなくなっていました。しかし退職のこの日、「せめてコーヒーでも」と私を誘ってくれたのです。

「高橋君、これからどうするのか」

「これからカナダに行きます。これまでお世話になりました」

　私は「ありがとうございました」と言って別れようと思いましたが、どうしても副社長のことに関しては自分の気持ちを伝えるべきだと思いましたので「お耳が痛いかもしれませんが」と前置きして語りました。

「社長、一つだけ言わせてください……。あの時に副社長を解雇したのは間違っていましたよ」

「間違っておらん」

「社長は裸の王様になって良いことしかお耳に入っていなかったのでないですか？　去る身の私ですから正直に言わせてもらいますが、これは私の素直な気持ちです。どうしてもこのことだけは言いたかったのです」

　ですが、社長は「もういい」と言い、そのまま私たちは別れました。

　それから２年以上の月日が流れ、社長がガンで亡くなる１カ月前に事件が発覚したそうです。社長の側近の者が全社の金、数千万円を使い込んでいたというのです。濡れ衣を着せられた新入社員の中からは自殺者まで出たと聞きました。

その事件が明らかになってみて、あの時副社長が解雇になった理由がわかりました。使い込みをしていた者は、全権を任された29歳の新任副社長に自分の不祥事がばれてしまうと危ぶんだ。それを防ぐために彼を解雇し、私を高い役職に就けて金で釣って役員の直属にしておけば、私は何も言わないだろうと計っていたのではないかと思います。

　社長が亡くなったと知らせを受けた夜、私の夢枕に社長が現れました。社長は、もみあげが長く、髪はポマードでいつもしっかりなでつけられており、白いスーツに赤いマフラーをするような派手な格好の人でしたが、そのままの姿の社長が夢に出てきて言いました。

「高橋君。君の言う通りだった。君にお礼を言いたいから君は僕の櫛（くし）で髪をといてくれ」

　と言いながら社長が悲しげに髪をといていくと、髪の毛がばさばさと抜け落ちていきました。　私が

「社長、成仏なさってください。あの時、僕は真剣にお話ししましたが、理解なさらなかったのも無理はないですし」

　と言うと社長は

「真実を言ってくれたのは君だけだった。本当のことを言ってくれてありがとう」

と答えました。そこには身内に裏切られた無念さと私への感謝の気持ちが込められていました。

　今でもその生々しさが思い出されるこの事件を通じて、善悪をはっきりと見極めて生きてゆくことが自分の確固たる座標軸となりました。

気の不思議

　1989年頃、私は勤めていた会社で、カナダ支店開設事務室長となって働いていました。その頃、私は自分が良いと思うものを社長に紹介しており、そうしたもののひとつに気功がありました。

　中国の先生から気功を学んだという日本人の先生と縁があり、週1度マネージャークラスの社員が集まって、その先生から気功の指導を受け始めたのです。気功教室のなかでは、両手で気のボールを作ることや、近くの花園神社で相性の良い木を見つけて、自分がその木とコミュニケーションを取るといったことも行いました。私はもともと信じ込みやすいせいか気功を通じて天とつながり始めてから、不思議なことを数々経験するようになりました。

スローモーション

　いつものように気功のクラスが昼前に終わって、皆で連れ立って蕎麦屋に行った時のことでした。民芸調のその店で注文を待つ間、私の視界には着物を着たウエイトレスの姿がありました。その人はオレンジ色の灰皿を拭いていましたが、不意にその手から灰皿が滑って落ち、割れた破片が次々と床に散らばっていきました。その時です。灰皿が床に当たり、四方に跳ね飛ぶ様子が、私にはなぜか、スローモーションの映像のように見えました。一瞬

であるはずの出来事が、本当にゆっくりとした映像として私の目に映ったのです。プロ野球のソフトバンクホークスの王球団会長が現役選手としてホームランを次々と飛ばしている頃、彼は「ボールが目の前に止まって見える」と語っていましたが、そうした悟りとも言える境地に至ることは、何年も修行した僧侶ですら難しいことと言われています。ですが、私も精神統一をすると、時間がある瞬間ゆっくりと進むような不思議な感覚をもつことがあるのだなと思いました。

　以前から、ふとある人のことを思うと、その人から電話がかかってきたり、メールが来たりといった、いわゆる虫の知らせに気づくことはしばしばありましたが、気功を始めてから、その感覚はますます冴えてきました。

遠くにいる人の状態を察知

　日本にいる私の母が病に倒れた時、私はイギリスに出張中でした。宿泊先のホテルは、中世の時代に栄えたヨークという町にあり、広大な原っぱの真ん中にポンと置かれたように建っていました。ある晩の睡眠中、私は金縛りに遭い、また寝ようとすると金縛りに遭うので、眠ることができず電気をつけたままで一晩中過ごしました。朝になり、窓から外を眺めていると、「ここはかつて戦場だったのでは」という思いが湧き出してきたので、ホテルのフロントでそのことを聞いてみましたが、それを肯定す

る答えは聞けませんでした。それでも何か胸騒ぎがして、実家に電話をしてみると、母が危篤状態であることがわかりました。私は出張先からバンクーバーを経由して、日本の実家へ向かいました。母の危篤状態は２週間続き、状態に変化が現れなかったので、私はいったんバンクーバーに戻り仕事を再開しました。

　ある朝、仕事に行こうとすると、手首がしびれるように震え出しました。「普段下手なゴルフをしているせいだろうか」と理由を探していましたら、はっと「お袋、だめだったかもしれない」という思いが脳裏をよぎりました。ですが、いつものようにオフィスに行って仕事をしていると、１時間くらいして妻から電話が入りました。母が亡くなったことを実家の兄から告げられたという知らせでした。

　こうした出来事はそれ以後にもありました。よく私に助言を与えてくれた友人に木目田（きめた）さんという人がいました。ある夏、木目田さんが奥さんとバンクーバーに遊びにこられた際、彼は「子どもの手も離れて、こうやって二人で旅行やゴルフができるようになったよ」と喜び、そして「高橋さんが日本に来たら、一席設けますよ」と語ってくださっていました。

　その年の９月、私は家族を連れて出張で東京に行きました。日中、営業のスタッフと共にあちこちを回った後で、丸の内線

に乗っている時のことでした。スタッフは「高橋さん、せっかく日本に来ているんですから、おいしい日本料理でも一緒に食べましょう」と誘ってくれましたが、突然、私の頭の右側に木目田さんが現れ、「死にたくない、死にたくない」と声が聞こえてきて、私の胸は強く締め付けられるように苦しくなってきました。私はあまりに苦しいので、「木目田さんが死にたくなくて苦しんでいるようだ」とスタッフに話して誘いを断り、自分はホテルに向かいました。私には、どうも木目田さんが私に同情を求めているように感じられました。

　私はくたくたになりながら這うようにして公衆電話を見つけ、妻に電話をかけて「生きて会えなかったらごめんね」と言いました。それでもどうにかこうにかホテルに辿り着き、ようやく落ち着いた状態になりました。その直後にスタッフからホテルに連絡があり、私が苦しかった時間に、やはり木目田さんが亡くなっていたのだと知りました。

夢のなかで

　さらにこんな体験もしています。私は交通事故を起こす夢を2度も続けて見ました。それは左にハンドルを切って、なぜか何かに当たってしまうという夢でした。その直後、用事があって本屋に行った際に、「夢のもつ意味」という本が目に飛び込んできました。とはいえ「夢なんて信じられない」という思いで、その本も夢も

共に無視して過ごしていました。

　しかしそれは起こったのです。夢を見てから1週間後のことです。私がウエストバンクーバーのハイウェイを110キロほどで飛ばしている時でした。サイプレスロードからジープが横から入ってこようとしましたが、当然自分が先を走るものと思い、そのまま飛ばしていたら、ジープがいきなり割り込んできたので、私は「危ない！」と急ブレーキを踏みました。私の車はくるくると回転し、中央分離帯に当たり、対向車の方を向いて止まりました。私はその時、助手席の人は血だらけになっているに違いないと思いました。また周りの誰かを殺（あや）めてしまっていてもおかしくないと思いました。ところが車は大破していたのですが、不思議なことに私も周りの人も、かすり傷一つなく奇跡的に助かりました。様子を見ていた人からは、わずか数秒の違いで、対向車が私の車とすれ違い、衝突が免れたのだと聞かされました。私はその時、自分が生かされていること、そして何者かに守られていることを感じずにはいられませんでした。

　私には気の世界に詳しい親戚（兄の義姉の良子さん）がいます。事故から家に帰って、良子さんのことが気になりましたが、直接電話をかけられるような間柄ではなかったので、私は兄のお嫁さんに電話をかけました。私は自分が大きな交通事故を起こしたことを告げて、そちらに何か変わったことはなかったかと聞きまし

た。すると、義姉自身には何もなかったけれども、6時間ほど前に良子さんから義姉に電話がかかってきて「左半身が麻痺して死ぬほど苦しい」と言っていたのだが、ついさっき再び良子さんから電話があり「痛みがなくなった。あの痛みはなんだったのか」と話していたというのです。私は良子さんが私の身代わりになって痛みを受け止めてくれたように思えて仕方ありませんでした。

　私はその事故以来、人生が好転していることを感じました。気とは本当に不思議なものだと思っています。

祖父に守られて

　父方の祖父と初めて会ったのは、祖父の葬式で私はまだ4歳の時でした。東京にいた私たちが大阪の祖父のもとへ駆けつけるため、当時最も速かった特急「つばめ号」に乗って8時間。着いた祖父の家には続々と親戚が集まってきていました。その家の中、顔に白い布をかぶり布団の上に横たわっていた祖父を生まれて初めて見ました。

　就寝前、母に「おじいちゃんの隣に寝るのは嫌だ」と強く言いました。しかし朝、目が覚めてびっくり。私の横に祖父の姿があったのです。まるでタイの国にある涅槃像のようにデーンと。「あれだけ嫌だと言ったのに！」と泣きじゃくって母を責めたことを覚えています。母は親戚が大勢やって来て、ここしか寝るところがなかったと訳を話してくれましたが、私の慰めにはなりませんでした。

　祖父の死因は帰宅途中、車にはねられたことでした。祖母はその日、祖父の帰りが遅いなと思って裏木戸から外を見たら、火の玉がふーっと飛んでいったのが見えたと言います。「これは虫の知らせだな」と思っていたら、事故の知らせが入ったそうです。

　祖父は高橋亀太郎といい、国家公務員として刑務所の官守の職に就いていました。服役中の人からは、「仏のタカハシ」と呼ば

れていた情け深い人だったと聞いています。

　そんなわけで生前は1度も会ったことのない祖父でしたが、不思議な縁を感じる出来事がありました。大人になって私が会社勤めを始めて、支社から本部に転勤となった時、その本部事務所は大阪の中崎町にありました。そこは祖父が交通事故に遭った町でした。その後私の在籍中に、本部の事務所が2度移転しましたが、転勤するごとに祖父の事故現場に近づいていったのです。最後は歩いて1分という、目と鼻の先でした。オフィスに訪れた父と母も「不思議なものだ」と、しきりにつぶやいていましたが、それも単なる偶然と思っていました。

　私が上司解雇事件の一件で会社を辞めると決めたものの、自分がどういう道に進んだら良いかわからなかった時に、友人の紹介を通じて、あるチャネラー（霊媒師）を訪ねたことがありました。その人が私の状態を読んで、話してくれたことはこうでした。

　「あなたの祖父は、ガーディアン・エンジェルズ（守護霊）のひとりで、あなたを優しく見守ってくれています」

　私はこのメッセージを聞いてとても腑に落ちるものがありました。というのも、子どもの時に、朝目が覚めて祖父の遺体の横にいた時は気味が悪かったですが、社会人となり、事故の現場近くのオフィスで勤務していた頃は、社内でいろんな事件がありつつも

何か気持ちが落ち着いていたことは確かでした。

　本当に仏のようだと親しまれていた祖父は、刑務所という場所において、きっと心温まる存在だったのだと思います。私が死んでも不思議ではない大きな事故に遭ったり、公私の窮地に追い込まれたりしながらも、今こうして幸せに暮らせる陰には、祖父のご加護があるのかもしれません。

瞑想について

　日本にいた頃には気功を、バンクーバーでは鍼灸師でもある中国人のシャン先生に「静功（standing Chi Gong）」を習ったことがあります。

　習った静功は、立ち姿勢のままで、へその下（丹田）に手を当てて呼吸法を行うものです。この状態でいることで、足からは地の気を、百会（頭丁部の中心にあるツボ）からは天の気を取り込んで、体の中を気が流れるのだと先生は教えてくださいました。
　しばらくそれを行っていると、なぜだか周りの人がぴょんぴょんと跳ねだすので、最初は気持ち悪いなと思っていました。しかしそのうち私自身も自然と体が動きだして跳ねるようになり、そんな私の姿を見て笑っていた人もついには跳ねだす始末でした。静功を始めるたびに皆がそうした状態となり、そんななか先生はずっと私たち生徒の様子を観察して、皆が跳ねるのを補助したり収めたりと手を貸してくださいました。

　いつの頃からか、私は悩んでいることへの答えを求めて気功クラスに足を運ぶようになりました。私にとって週1回、1時間あまりの気功の時間は瞑想の時間ともなっていたのです。質問をもってこの時間を過ごしていると、いつも自分の考えとは全くと

言っていいほど違う答えが出てきました。その答えは、短期点な視点からすれば、会社にも自分にも絶対損だと思えるものなのです。

　そんな回答に対して普通ならば、「それはできない、それはできない」と抵抗したいところですが、ある時から私は「おそらく人間ひとりの力なんて限られていることで、瞑想中に天とつながって出てきた答えならば、それに従うのがベストではないか」と、どういうわけだか悟ってしまいました。

　気功や瞑想は、いろいろな知恵に結びつく要素があるのだと思います。その結びつく先がどんな存在であるかはわかりませんが、ともかくこれまで瞑想のなかで得た答えに従って行動してきたおかげで、順調に道が開けてきたことを実感しています。

　以前は、人から助言を得たり、ピンチのときには占い師を頼ったりしましたが、天から答えをいただくようになってからは、それらをピタッと止めました。これからも天から答えが得られるのであれば、これを続けていきたいと思っています。私にとっての天からの答えとは、私の先祖を含む過去を生きてきた先人たちの知恵の結集のような気がしてなりません。

母が生まれた国

　私の母は日本の占領下にあった韓国のソウル（当時の京城）で生まれました。暮らしていたのは河南（カンナム）という日本が占領していた高級住宅街でした。多くの日系移住者のなかで育ち、日本語を普通に話していたのですが、恐らく韓国語も話せたのではないかと思います。

　母の父は事業を営み、かなり羽振りがよく、裕福な暮らしをしていたようです。お手伝いさんを何人も雇っていたとか、イギリス人の先生が母に英語を教えにきていたと話を聞いています。母は20歳の時に日本へ渡り、父と恋愛結婚をして、その後は日本で暮らしました。「韓国では冬に凍った川でスケートをしたものよ」と母が話していたことを覚えています。

　前の勤め先にいた頃、海外出張を命じられ、1984年に私は初めてソウルを訪れました。ソウル・オリンピック開催以前でしたから、現代都市の雰囲気からは程遠い印象でした。「ここが母の生まれた町なんだな」と思うと、非常に温かいものを感じました。しかし、韓国が朴政権独裁の時代にあり、国と国とはいがみ合いの状況にありましたから、自分としてはかなりナーバスになってもいました。

　このときの出張理由は、言語学者ミン・ビョン・チョル博士と

の会合にありました。閔（ミン）博士は韓国における英語教育の草分けで、当時は韓国のテレビで英語教育番組に出演していた有名人です。その閔博士が英語学校を立ち上げるにあたって、私どもの会社は学校運営のノウハウを提供する任務で博士のもとを訪ねました。

　韓国では英語学校の講師ができる人材はごくわずかでしたから、閔博士の英語学校では大韓航空でパイロットや客室乗務員を経験した人々を中心に人集めをされていました。そこでは、英語を勉強したいという韓国人学生の皆さんと英語で会話をしたことを覚えています。

　韓国で仲良くなった人に「実は、自分の母はここで生まれて……」と話をすると、「どうして韓国にいたのだ？」と聞かれ、そこで日本軍占領時代の話に触れざるを得ませんでした。こわごわと話し出すと、それを国の過去の出来事として今の自分たちの友好関係とは切り離して思ってくださる人がいる一方、私に心を閉ざしてしまう人がいたことを、とても辛く感じました。閔博士ご自身は、日韓の人たちが民間レベルでもっと仲良くならなければとつねに語っている方です。その思いから博士は、韓国で毎年開いている英語の弁論大会のなかで、日韓友好を祈念した日本代表対韓国代表の弁論大会を初めて開きました。そうした閔博士の志と行動力は素晴らしいと思いました。

韓国での印象的な出来事があります。17、8年前に教育フェアがあった時に、本校の卒業生が二人ほど会いにきてくれて一緒に食事をしました。そのうちのひとりが話してくれたことは、その時の私には解せないものがありました。彼は、

　「旧日本軍の指令本部となっていた建物がソウルに残っているが、醜い弾圧の歴史を語る遺物なので、それを破壊したい」

　と私に訴えてきたのです。その席にはカナダ人スタッフも一緒でした。

　後から彼の発言について考えてみました。彼はもちろん、私に日本人というバックグラウンドがあることをわかっていました。そのうえで彼は日本軍のことを話した。そこには「お前も同じ日本人だろ」と糾弾するような意識はなく、私をひとりの人間・サミー高橋と認めて話をしてくれているのだと私には解釈することができました。私を友人であると認識して、その思いを向けてくれた彼をうれしく思いました。

　韓国からは、私が経営していた英語学校にも韓国人学生がたくさん来てくれていましたので、車を韓国の「現代自動車」に乗って友好の気持ちを示したこともあります。学校内では日本人韓国人の学生間でトラブルのあったこともありますが、個人対個人という形で若い人たちが付き合いを始めている姿に好感を抱いています。

閔博士との友好関係で、今も２、３年に１度は韓国を訪れている私ですが、今後韓国の人たちと新たな付き合いが生まれたときに、「私の母はソウルで生まれた」と堂々と言えるような仲を築いていきたいと思っています。

第４章

カナダへ向けて（40代）

カナダへ来るきっかけ

　日本は窮屈だという思いがあった私は、いつの日か海外へ出ていくと心に決めていました。「会社が海外に展開するときは自分が切り込み隊長だ」という思いでいましたから、会社の全体会議で「我が社は海外には進出しない」とトップの方針が出された時から、「ここにいる意味はない」と思い始めました。そこへ先の上司解雇と私自身の異例の大昇格という尋常でない事件があり、会社への信頼をすっかりなくした私は転職先を真剣に探し始めました。その頃私に声を掛けてくださったところがいくつかありました。

　松本道弘先生はそのおひとりで、先生は、昔ＮＨＫのテレビで上級英会話講座をもち、「英語道」を説くことでも知られた方ですが、私に「自分のところへ滅私奉公に来い」と言ってくださっていました。また、ＴＯＥＩＣを運営する会社の木目田さんからも誘いをいただいていました。

　その頃はバブル真っ盛りで、企業がどんどん海外に進出していました。ある時日経新聞を開いていると、社長紹介のコラムが目に飛び込んできました。それは日本全国に英語学校を展開している企業の社長が、バンクーバーに学校を出す計画について語っている記事でした。その瞬間、「これは自分がやる仕事だ！」と

決め込み、すぐさま勝手に理由をつけて会社に出張の申請を行い、その社長を知っている友人に連絡を取って、私に紹介してもらうよう段取りをつけました。翌日には東京に行き、私は神田のうなぎ屋で社長と面会していました。

「記事を拝見しました。構想は決まっていますか？」
「いやまだだ」
「担当スタッフは？」
「いや」
「では僕がやりましょう」

と話を進めました。

　その時社長には海外へ送る人材の心積もりがあったようですが、留学経験があることから私を採用し、カナダ校立ち上げを一任してくれることになりました。それから数カ月後に、在職した会社とおさらばして、海外へとはやる気持ちを胸に新たな一歩を踏み出しました。39歳の決断でした。そして忘れもしない1990年1月2日。私は東京へ単身上京しウィークリーマンションの一室を借りて住み始めました。自分が選んだ道とはいえ、ひとりで過ごす正月には寂しいものがありました。

　1月3日、新宿にある会社に初出勤。そこでは自分で「海外支店開設準備事務所」を作り、大使館へ行ったり、バンクーバーの関係者に連絡を取ったりしながら準備を進めました。こうした

仕事は得意でしたから、着々と形ができていき、3月に初めて現地を見て、5月には本格的な渡加へとこぎつけることができました。このカナダ校立ち上げのパートナーには、前の会社で知り合ったアメリカ人のエド・ユーラーを起用しました。彼はカリフォルニア州政府での勤務経験があり、人格者でもありましたから、彼にカナダでのマーケティング担当を任せて、私はシステム作りほかの諸々のことを手掛けていきました。彼と私の精力的な活動の結果、1年ほどで順調に160人ほどの学生を集めることができました。

　しかし、営業や報告にと日本を訪れるたびに、会社が縮小化している様子が見えました。社長は会社のトップだけにネガティブなことは語りませんので「しかるべき理由があって、銀座校は閉めた。今後は新宿校だけでやっていく」といった具合でしたが、経営が傾きかけていることは明白でした。

　この会社の社長も前職の会社同様、カリスマ的なタイプの人でしたが、ナンバー2にあたる人はイギリス帰りの女性で、「次期社長は私よ」と公言してはばからないような人物でした。社長は精神世界に興味をもつような方でもあり、雲行きの思わしくない会社の舵取りにあたり、神頼みというわけではないのでしょうが、霊能者の女性をアドバイザーとして付けました。その霊能者は女性だけに、ナンバー2の女性の存在を面白くないと思ったのか、

社長に対してこのようにアドバイスをしました。

「にごりが見えます。そのにごりは女性のもの……」

　それで会社が良くなるのならと、社長はある時ナンバー２の女性を呼んで

「君、少し働きすぎだから休みを取りなさい」

　と言いました。それを聞いた彼女が

「それってひょっとして私に辞めろということですか？」

　と直感的に語ったのを社長は否定しなかったため、彼女は納得のいかぬ怒りを抱えたままで辞職しました。その後まもなく、彼女はクモ膜下出血で亡くなりました。彼女を慕う部下たちが大勢いましたが、社長は彼女の葬儀に出ることを禁じました。その頃、もともとフレンドリーだった会社のロゴマークは、その霊能者の影響で気持ちの悪いピエロのマークに変わってしまい、そこに漂う異様な雰囲気は、会社が闇へと転落する様を示唆しているようでした。

　社長の考え方に関しては、以前にも疑問に思ったことがありました。アメリカ人のスタッフが仕事にやる気を無くして辞職するときに「帰国のために」と会社に引越し費用を請求してきました。その時社長は

「人間窮地に立たされたときは、モラルに反した行動もするんだよ」

と語ったのです。私はその言葉が腑に落ちず、いつまでも心の
どこかでしこりのように残っていました。

　そしていよいよ会社本体の経営が行き詰まった時に、カナダに
いる私に東京の社員から緊急の連絡が入りました。社長が会社に
張り紙ひとつで夜逃げしてバンクーバーに向かっているというので
す。私は「いったい、お金をもらった学生や雇った講師たちはどうな
るんだ？」と立ち上げて間もないカナダ校の行く先に危惧の思い
でいっぱいになりながら、すぐさま東京の社員に連絡し、成田で
社長を引き止めるよう頼みました。ですが、時はすでに遅く、
社長の動きを食い止めることはできませんでした。

　バンクーバーに来た社長の第一声はこうでした。

「ここの生徒たちはここが日本の我が社の分校であることを知っ
ているのか？」

　日本とのつながりは知らないと答えると社長は安心し、その後
私に銀行を次々と案内させ、入金したお金を出させて自分で抱え
こんだ挙句、こともあろうに私に向かってこう言いました。

「君は私がカナダに来ることを面白くないと思っていたようだな。
何か悪いことでもしていたのか」

　さすがに私も腹に据えかねて

「あなたがここに来れたのは私があなたの城を守ったからじゃないですか。何と失礼なことを言うのですか。今すぐ謝りなさい！」

と怒鳴りました。少し気持ちが落ち着いてから

「社長、ご苦労も多かったでしょうし、社長は社長ですから、給料は一番多くもらってください。僕は減給になってもいいですが、ここは私に経営を任せてください」

と言いましたが、社長からスタッフを気遣う思いはひとつも見いだすことができませんでした。

　それまで社長からの「家賃はしばらく払わなくてもなんとかなる」という指示のもと、資金難の本社へ仕送りするために、カナダの学校の家賃は３カ月滞納したままでした。しかしさすがに払わざるを得ない状況を迎え、私は学校の買収先を見つけて社長に提案してみましたが、社長はプライドのためか買収の話にはまったくと言っていいほど関心を示しませんでした。

　講師への給与を支給するため、私は自腹を切ってやりくりまでしましたが、この先もはやどうにも立ち行かず、辞めるしかないと覚悟を決めざるを得ませんでした。

　そして万策尽きて帰国した私は、ＴＯＥＩＣの木目田さんにお礼と報告に伺い、

「万事休すです。今までお世話になりました」

と語りました。木目田さんは

「高橋さん、これからどうするのか？」

　と聞きました。私が

「まったく分かりません」

　と答えると、木目田さんの同僚の坂井さんという方が現れ、ＴＯＥＩＣを運営する会社の野口社長に話をすると言ってくれました。

　紹介を受けた野口氏に会って話をすると、「今の会社からのテイクオーバー（引き継ぐ）ではなく、最初からやろう」ということになりました。そして野口氏は新会社創設のために3000万円の資金を提供して下さいました。そもそも木目田さんのところには、私は何もあてにせず、ただ挨拶として訪れただけでしたから、資金提供を受けることにつながったことはまったく予想外の展開でした。

　元の会社の社長は会社が沈みかけた時に国外逃亡を図り、自分の財産を守ることができてうまく逃げられたと思っていることでしょう。ですが、それは肩身の狭い人生だと私は思います。私自身、あの時周りからは「逃げろ」と助言されましたが、私は自分を「沈む船の船長」だと思っていましたから、何があっても逃げないと

決めていました。後に野口氏に

「なぜあの時私を救ってくださったのですか？」

　と尋ねると、

「君は土壇場で逃げなかったからだ」

　と答えられました。「踏ん張りがきいて根性のある奴は使い物になる」という判断基準を野口氏はもたれていたのです。

　アイディアをもっている人は世の中に大勢いるでしょうが、その人がお金をもっている人と結びつくことはあまりないことです。あの時、野口氏が投資をしてくれなければ、今の私はありません。過去を振り返ると危なっかしいときにはいつも誰かに助けられてきた人生だったなとつくづく思います。

ＴＯＥＩＣと私

　アメリカ留学を終えて数年後、ＴＯＥＩＣの存在を知って自分も力試しに受けてみると、結果は思ったよりも良いスコアでした。ＴＯＥＩＣの高得点者にはネイティブ・スピーカーの試験官を相手にした会話テスト（ＬＰＩ）の受験資格があります。１万円ほどの試験料を払って、私はＬＰＩにもチャレンジしてみました。

　試験会場はＴＯＥＩＣの大阪オフィス。アメリカ人の試験官と１対１のインタビュー形式の試験で、日米貿易摩擦の問題を語ることが課題でした。そのうえ、テーマをただ語るのではなく、「酒の席でアメリカ人の友人に話す場合」と、「大学の場で学生の立場から教授に対して話す場合」の２パターンで話すことが課されていました。くだけた表現とフォーマルな表現の両方の英語力が試されていたのです。

　成績は０から５で１、１⁺、２、２⁺のように１０段階で表されます。私の会話テストの結果は４で、自分にとっては驚くべき結果となり、英語力の自信の裏付けとなりました。

　まだ会話テストを受ける人は少なかったこともあって、そのことがきっかけでＴＯＥＩＣ運営委員会から「今度ＴＯＥＩＣの説明会を行うから、高橋さんに受験者代表として話をしてほしい」

と連絡がありました。このTOEIC説明会で、私は初めてTOEIC発案者の北岡靖男氏に出会いましたが、あのTOEICが日本人によって考案されたとはまったく思いもよらないことでした。

　北岡氏は物静かな雰囲気で、とても優しい温かなまなざしを向ける方でしたが、一種のカリスマ性も感じさせる方でした。お目にかかった時の会話のなかで北岡氏は、グローバル社会のなかで英語能力の指標となるTOEICの存在意義を熱く語っておられました。また

「いずれ100万人の日本人が730点を取る時代が来る。民間人100万人が730点を取らないと国際交流ができない」

と語られたことも耳に残っています。

　当時の大学卒の平均スコアは400点足らずでしたが、それから20年余り経ち、北岡氏の予言されていた100万人が730点に達するという状況も遠い夢ではなくなっていると感じます。

　かつて北岡氏はタイムライフ社における極東支社のトップのポジションにいらっしゃいました。続いてその職に就いたベト山内こと山内英郎さんがその後私の上司となり、ベトさんを通じて北岡氏をご紹介いただいたのが直接のご縁でした。そのご縁をいただいたおかげで、私を通じてTOEICをカナダに紹介できたことをたいへん誇りに思っています。

北岡氏には1度カナダに来られた折に、私の学校にお越しいただいたこともありました。また、あるパーティーの席で北岡氏がスピーチに立たれた時に「ＴＯＥＩＣは日本や韓国だけではなく北米でも伸びてきており、今後世界的規模で伸びていくことが期待できる」と語られていましたが、「北米でも伸びている」と話された時に、会場にいた私に視線を向けてくださっていました。そのまなざしは、カナダでＴＯＥＩＣの普及活動をしてきた私に「ありがとう」と語ってくださっているようで、うれしいものでした。

　東京に出張するたび、ベトさんと北岡氏を訪ねていましたが、北岡氏は私をオフィスに通すといつも「今こういう教材を作っているんだ」と熱い思いを語っていらっしゃいました。北岡氏は、体を壊して人工肛門を付けてからもアメリカに出張へ行かれましたし、亡くなられた日も病室で仕事のミーティングを行うという生き方をされていました。最後の最後までご自身のミッションをもち続けていたのです。その生き方は今も私に大きな影響を与えています。

学校を立ち上げた時の忘れられない出来事

　カナダで英語学校を立ち上げた時、私はエド・ユーラーという社員をパートナーに誘いました。彼はカリフォルニア出身でしたが、「京都に住みたい」というお嬢さんを近くで見守りたいと日本に移り住んでいました。会う度に "It's good to see you" と言ってくれたのがとても印象的な彼は、ジェントルマンで強い責任感の持ち主。そして会えば誰でもすぐに信頼できるとわかる人物でした。

　私がひとりで先にカナダに渡り、エドが半年後にやってきました。当初私たちはバンクーバーでタウンハウスを借りて、そこを住宅兼オフィスとして使いました。どんな学校にしたいかどんな風にやっていきたいかと日々理想を語り合いながら、立ち上げを進めていきました。

　ある晩、私は夢の中で、オフィスのファックスに、カナダ校最初の入校申込書が届く映像を見ました。そして翌朝、起きたばかりのエドに向かって言いました。

　「僕、夢でアプリケーション第 1 号が届くのを見たんだ。きっと届いていると思う。見に行こう！」

　すぐに二人で階上のオフィスルームへダダダッと駆け上がってみると、本当にファックスから申込書が流れていました。エドと「すごいね！」 と声を上げました。これはうれしかったですね。

そしてこんな風に夢が現実になるのかと、不思議な喜びをかみしめていました。

　それからもエドと二人で仲良く準備を進め、1992年の2月にはブロードウェーに学校をオープンすることができました。そこにワーキングホリデーでカナダにやってきた夫婦が訪れました。エドは先ほども述べたように「この人ならば間違いない」と思える人物です。彼と話をしてその夫妻も安心したのか、その場で1カ月の受講の申し込みをして、受講料を納めてくださいました。

　私には学校を運営するうえで、「これはやってはいけない」と思っていたことがありました。それは1週間や2週間といった短期の受講者は受け入れないということです。金銭面を考えたら、どんな生徒でも来てほしい、喉から手が出るほど……というのが本音です。けれど「武士は食わねど高楊枝」ではないですが、そのポリシーは守り抜こうと心に決めていました。私たちのミッションは、英語の実力を確実に向上させることだからです。

　待望の初受講料を手にしたその日は、仕事にかかりきりだったため、夜8時頃になってようやく夕食をとりに外へ行くことにしました。私は受け取った受講料を

「僕が預かっておくから渡して」

とエドに言いました。しかしエドは

「デスクの引き出しに入れたから大丈夫だ」

　と言います。エドが信頼できる人物であることは間違いありません。ですが私はなぜか不吉な予感がして、もう１度

「いや、僕が預かるよ」

　と言いましたが、エドは

「大丈夫、大丈夫、デスクに鍵をかけたから」

　と強気に出ました。さすがに私もそれ以上言ってはいけないと思って、そのままオフィスを出て中華レストランへ行きました。

　ご飯を食べてオフィスビルに戻り、裏口を開けて部屋に足を踏み入れると、人の気配がしました。私は "Hello! Anybody there?（誰かいるの？）" と声をかけました。すると奥の方から物音がしたので、これは何か変だと思い、エドに「すぐオフィスに行って、お金を確かめてくれ」と頼みました。恐る恐る部屋の奥へ進むと、"You scared me!（びっくりしたよ）" と言って警備員が出てきました。警備の人が驚くのは妙だなと思いました。その警備員が

「名前は？」

　と聞いてくるので、

「高橋だ」

　と答えると、

「自分の知り合いにタカハシという奴がいるよ」

　とかなんとか言って警備の男は部屋を出ていきました。

　「サミー！　早く来いよ！」

　とエドの声がしてオフィスに行くと、デスクの引き出しの鍵が
テコでえぐられたように壊されて、中に入れていたお金がなく
なっていました。

　初めの売り上げはこんな形で盗まれてしまったのです。良きに
つけ悪しきにつけ、私の直感が当たってしまったというわけです。
これにはエドも驚いていました。

人の優しさに感謝（その１）

　私の渡加のきっかけとなった会社が傾き、私の立ち上げたカナダ校も閉鎖に追い込まれたことを、「カナダへ来るきっかけ」で語りました。その時に助けてくれたのは野口氏ですが、その陰には坂井さんという人物の存在がありました。

　坂井さんはＴＯＥＩＣ関連会社の社長室長でした。大学生協の方と一緒にカナダ校へ視察に来られたのは1991年、会社が潰れる２年前のことでした。

　当社の学校の教室で、私は日本から来られた大学生協の方に向かって学校の創立理念を語りました。語り出すと止まらないほうですから、しばらくの間、かなり熱の入った説明をしていたと思います。ですがその間、坂井さんはとても退屈そうによそ見をしていて、私の話など何も聞いていない様子でした。私は内心「関心もないのにこんな場にいらしてお気の毒に」と思っていました。

　その２年後、私のいた会社の経営が悪化。せっかく立ち上げたカナダ支社の維持のためにと奔走した私も、万策尽きて「いよいよだめだ」と観念しました。そして日本へ行き、これまで特にお世話になったＴＯＥＩＣ運営委員会の木目田さんに挨拶に伺いました。そこで私が「万事休すです」と事態を報告し、今までのお礼を述べたことが、同僚の坂井さんの耳に入りました。

　私の状況を知った坂井さんは、ご自身の会社の社長である

野口氏に、私が創立理念を熱く語っていたことを話されたそうです。それを知ったのは後になってからのことです。私の話に無関心で退屈な態度を示していた坂井さん。その坂井さんが私と野口氏をつないでくれたとは、まったくもって思いがけないことでした。私は橋渡しになってくださった坂井さんへの感謝の思いでいっぱいになりました。

　そんな坂井さんですが、彼との間に起きた少々ほろ苦い出来事もあります。野口氏の投資のもとで現在の会社を立ち上げた後、ＴＯＥＩＣのカナダ国内における商権のことで、ひとついざこざが持ち上がりました。

　そこで東京のオフィスサイドから発信するカナダ当局への苦情の文書を、坂井さんが作成することになりました。坂井さんは私に「自分なりに英語の文書を作ったけれど、高橋さんの方でそれに手を入れて書き換えてもいい」と告げました。

　私は考え方がアメリカ的と言うのでしょうか。その坂井さんの言葉を真に受けて、彼の文章に思い切り赤を入れました。苦情文書の完成は最初の大仕事でしたから、とにかく私は先方にしっかりとこちらの意見を伝えたいと精一杯文章を練り上げました。そして坂井さんへ修正した文書の確認をお願いしました。

　すると坂井さんは「いきなり自分の英語に赤を入れて！」とカチンときたようなのです。きっと「この恩知らずめが！」と思って

いたことでしょう。私は「またやってしまった」と、目の前のことに一生懸命になって、日本的な上下の礼をわきまえなかった自分の振る舞いを後悔しました。

　私の行動によって坂井さんとの信頼関係に傷をつけてしまったことへのお詫びを、ことのいきさつと共に野口氏に伝えたところ、意外にも野口氏はこう言いました。

「高橋さん。同じ会社のなかで傷のなめあいをするようならば、早くこの会社に見切りをつけたほうがいい」

　野口氏の言葉を聞いて、正直ほっとしました。大変お世話になった坂井さんですが、それでも仕事に関しては私情を交えずに接してきたことは間違っていなかった──そうした保証をいただいたような気持ちがしたのです。

人の優しさに感謝（その2）

　私が現在経営する会社は、当初、野口氏からの投資でスタートしたため、カナダ法人ながら所有者は日本の野口氏の会社でした。こちらの会計士から会社の所有権に関してアドバイスをされました。それは「外国人所有の企業よりも現地資本の企業の方が税の優遇措置を受けられる」ということでした。

　そうした指摘を受けて私が自社の将来に思いを巡らせた結果、野口氏とこちらで所有権を半々にするのが望ましいと判断しました。1999年の春、東京へ行って野口氏と3日間続けて面談し、この件についての私の思いを伝えました。

　「所有権を半々に」という私の提案に、野口氏は「わかった」と回答されました。私はカナダですっかり西洋的なコミュニケーションに馴染んでいましたから、「わかった」という言葉で文字通り承認を受けたと理解していました。ですが、ことはそう簡単ではなかったのです。

　私から野口氏に直接電話をかけることはめったになかったのですが、たまに報告のために電話をかけたときには、会議中であろうと野口氏は必ず電話口に出てくださっていました。ところが、先の提案の後は違いました。

　私が出張先の台湾から野口氏に国際電話をかけたところ、秘書

からは「お取り次ぎできません」との返答でした。「きっとお忙しいのだろう」と思ってやり過ごしたものの、成田に移動してからの電話にも「出られません」とあしらわれました。2回とも「こちらからかけ直します」ということでしたが、電話はかかってきませんでした。さらに3回目の電話でやっと野口氏が応じられましたが、この電話の時に初めて、私と野口氏との関係がうまくいっていないことに気がつきました。

野口氏は重たい声でこう言いました。

「高橋さん、あなたのした行為はおかしい。みんながそう言っている。もう一度我々の関係を最初から考え直したほうがいいな」

ぼそっとそう言ったのです。どうやら野口氏が会社の所有権のことで米人スタッフに意見を求めた際に、その人は欧米的なドライな感覚で物を言ったようなのです。「所有権を50パーセント渡すということは、経営権を渡すことと同じ。高橋は会社の乗っ取りを謀っているのではないか」と。

それを聞いた野口氏は「あいつはけしからん。恩を仇で返す気か?」と憤慨したに違いありません。野口氏が私からの電話を拒否して、最後には腹に据えかねたと言わんばかりの発言に及んだのは、そうした憶測が働いていたというわけです。でもそれは後でわかったことでした。私が生きていた時代が武士の時代であったのならば、身の潔白を証明するために切腹をしていたことで

160

しょう。

　野口氏の冷たい発言以降、私は毎月の報告を行えども、あちらからの連絡はないという一方通行の状態が約半年続きました。そんな状況に困り果てていた頃、仙崎さんから「シアトルまで来ていますから、そちらに寄ってもいいですか？」と連絡がありました。

　仙崎さんは、「野口グループとパシフィックゲートウェイ社との間の渉外役に」と野口氏が任命してくださった人物で、品が良く、人望の厚い好青年です。初対面の時、彼は「私のできることは何でもしますから。どうぞよろしくお願いします」と深々とお辞儀をしてくださいました。そんな仙崎さんが、野口氏と私の関係がぎくしゃくしていることを察して、何かできることはないかと気遣ってバンクーバーまで来てくれたのです。仙崎さんは単刀直入に「何かあったんですか？」と聞くことはせず、日本人らしく食事をしながらそれとなく状況を探ろうとしていました。

　ある意味、彼は私のキーパーソンでした。というのは、渉外役という名の下で、事実上、仙崎さんは私の監査役でもありました。仙崎さんから野口氏への報告の内容次第で私の進退は決まってしまいます。もし、仙崎さんがカナダで私のポジションに就きたければ、私の悪評を作り、野口氏に伝えれば希望がかなったことでしょう。しかし仙崎さんは私心を抱くことなく、純粋な気持ちから私の支援者となってくださいました。じっくりと３時間ほどか

けて私の話を聞いた後、東京に帰ってすぐに野口氏へ私の本心を伝えてくださったのです。

　すると野口氏から手書きのファックスが届きました。私にファックスを送ってくださったのは後にも先にもこの時限りです。

　「高橋さん、非常に申し訳ないことをした。私は君のことを誤解していたようだ。今、自分はとても恥ずかしい思いをしている。以前の私たちは大恋愛をしていたカップルのようだった。だがこうしたもめ事があってお互いをより良く理解できたから、これからは味のある夫婦のような関係を作りましょう」

　私は感激と興奮のなか、この朗報を導いた仙崎さんに「ありがとう」と叫んでいました。すぐさま野口氏に電話をかけて「私こそ、こちらの暮らしが長いから思ったことをすぐ口に出してしまい申し訳ありませんでした」とお詫びと感謝を伝え、続いてすぐに仙崎さんへお礼の電話をかけました。

　仙崎さんからは思いがけないことを聞きました。彼が私の思いを野口氏に伝えた時に、野口氏はその報告を聞きながらポロポロと涙を流していたというのです。柔軟な人柄の野口氏、そして間に入って親身に動いてくださった仙崎さん。人の優しさに触れて、私は感謝の思いでいっぱいでした。

　野口氏と私との間にはこんな出来事もありました。

トロントに学校を作ろうと視察に訪れた 2001 年頃のことでした。野口氏はボストンが好きなのでトロントからの帰りに立ち寄ることにしました。それならば私はボストン郊外にあるアムハースト・カレッジに行きたいと 1 日休みをいただきました。アムハースト・カレッジは、私が尊敬してやまない同志社大学創立者・新島襄先生のかつての学び舎で、校内には太平洋戦争中も守られた新島襄先生の肖像画があります。ぜひともそこに行ってみたかったのです。私の熱い思いを聞いて、野口氏も同行を希望されたので、バンをチャーターして翌朝一緒に出かけることになりました。

　朝方、車に乗り込みホテルを離れたばかりのところで野口氏が

「すまないが降ろしてくれ。お腹の調子が悪い」

と言われたので、ホテルまで引き返しました。野口氏はトイレに駆け込んでいかれた様子でしたから、私はロビーで待っていたのですが、30 分経っても 1 時間経っても野口氏は姿を現しませんでした。ホテルの部屋をノックしても反応がありません。ロビーに戻り、トイレで声をかけても応答はなく、コンシェルジュに尋ねてもわからない。私は「おかしいな」と思って 2 時間くらいしてから再び部屋に戻ったところ、中ではホテルの人が清掃中でした。

　結局野口氏の行方はわからずじまいで、私は仕方なく街に昼食を取りに出かけました。やがてホテルに戻って再び部屋に電話をしたところ野口氏が出られました。

「え？　高橋さん、そのまま行ってたんじゃないの？　あんなに行きたがっていたから、てっきりひとりであのまま行ってしまったものと思って、あの後街を歩いてきましたよ」

と野口氏。

「そんなまさか、野口会長を置いて私ひとりでは行けませんよ。私は野口会長のお供でここまで来たのですから」

何はともあれ、野口氏の腹痛もその日は大事に至らずで、ほっとしました。その夜、野口氏は私の部屋に来られて「今日は申し訳なかった」と深々と頭を下げられました。

翌朝、シカゴ経由で日本に帰る野口氏を見送るために、8時半にロビーで落ち合うことを約束していましたが、昨日の件の疲れと安堵ですっかり寝入っていた私は、8時半に野口氏がドアをノックする音にも気づかず、9時に再びノックしてくださった時に初めて気がついて飛び起きました。もう髪はぐちゃぐちゃで顔も洗わずにとにかく荷物だけ詰め込んで空港へ行ったという次第です。

こんな旅の出来事で、野口氏と私の信頼関係がより深まったのでした。

第 5 章

志を形に（50 代）

私が身につけた成功哲学

　衆議院議員として活躍されている鈴木淳司氏。彼は早稲田大学を卒業し、日本の将来を担う人々のためにと松下幸之助氏が創設した学びの場である「松下政経塾」で学んだ後、「教育界に身を置いて勉強したい」と、1987年当時、私の勤めていた英会話スクールに出入りしていました。

　鈴木氏は当時20代でしたが、民間ベースで日中の青少年交流を行う団体の会長を務めていました。中国語の話せない日本の若者たちを中国に連れていき、「1週間後にどこそこで会おう」とだけ告げて現地に放り出す。すると青年たちはお腹が空くので食べるために自分で行動しなくてはいけない。そうして3日も経てば、日常必要な言葉などすぐに覚えてしまうと鈴木氏は語っていました。

　どうやらこのサバイバルは松下政経塾での訓練がベースにあったようです。それは冬場の雪で覆われた富士山麓で行われる訓練で、松下政経塾のメンバーたちは手を縛られた状態で置き去りにされ、そこから脱出して街に出てくることが課せられていたそうです。現代のような戦争も何もない時代では人の生存能力が失われているため、人為的な形ながらも過酷な状況を擬似体験することでメンバーのサバイバル能力を養うのだといいます。

私は彼の話を聞いて「違う世界があるものだな」と思うと同時に、彼を通じて知った成功哲学に魅了されました。そこで松下政経塾での鈴木氏の仲間が行う自己啓発の研修に参加するために、私は上司に「これは仕事に必要なスキルだから」と語り、稟議書を通させて、名古屋に出向いて3日間の集中合宿訓練を受けました。訓練はいわば松下政経塾の凝縮版のようなものでした。

　訓練の冒頭で「どんな人間になりたいのか。自分が何を成し遂げたいのか」を画用紙にクレヨンで描き出すという作業がありました。私のなかには「会社でどんどん自分の能力を生かせばいいんだ」と思う自分と、周りの目が気になる自分がいました。それで、周りに遠慮なく生きている姿を、私は「真っ赤なジャケットを着て出勤している自分の絵」として描きました。受講者のなかには、「ゴルフで90を切る」といった目標を掲げている人もいましたが、私の目標は「物おじせず、どんどん自分の思った通りに生きていける自分になる」という自己改造にあったのです。

　研修で自分が成し遂げたいことを明確にし、自分のなかに信念を確立させる実習を行い、研修の最後には、講師の方の「皆さん、目標を達成できますか？」という問いかけに、受講者一同「できます！」と宣言。私はここで周りから一切ネガティブなものを受けつけないという思考回路を作ることに成功したのです。

　おかげで、その後の上司解雇事件や、社長の夜逃げ、倒産といっ

た悪夢のような事態に遭遇したときにも、それに翻弄されず自分の信じた道を忠実に歩むことができたのだと思います。

　倒産後、野口氏の投資を受けて事業を立ち上げた後、しばらくぶりに健康診断を受けたところ、胃に影があるということで内視鏡の検査を受けました。その結果、「今は治っているが、胃潰瘍の痕（あと）がある」と診断され、医師に「強い精神力でいらっしゃるんですね」と言われました。

　成功哲学で有名なナポレオン・ヒルの言葉に

「人の成功は気持ちの持ち方次第であり、諦めないで続けていれば勝利は遅かれ早かれあなたのもとにやってくる」

　というものがあります。強い者が勝つわけではない。諦めないでやった者だけに勝利は微笑むのだということです。この言葉は私の座右の銘となっています。たとえ今困難を感じていたとしても、成功哲学を抱いて進んでいけばそれを克服していくことができる。それを身をもって感じてきた私は、多くの若者たちとそのことを共有して、彼らの自己実現に生かしてもらえたらと願って語り続けています。

私に幸運をもたらした妻

　「ホリエモン」のニックネームで知られる堀江貴文氏は、本を出したり逮捕されたりと何かと話題の多い人ですが、その彼が「きれいなねえちゃんは、顔は悪くても金を持っていたら付いてくる」などと言って顰蹙（ひんしゅく）を買っていたことがありました。まあ世の中、富と名声のある男性は女性には魅力的に映るのかもしれません。しかしながら私の妻に関してはまったくの例外で、私がどん底の時に救ってくれた人でした。

　前の会社の社長が夜逃げしてカナダに来た頃、私には前妻がいました。ですが、私がカナダ校を続けるため、なけなしの貯金をはたいて会社に回しているうちに、前妻は見切りをつけて出ていってしまいました。それだけでなく会社が倒産寸前だったために、会社を当てにしていた永住権の取得までもが怪しくなりました。私がこうした三重苦でにっちもさっちもいかない時に、今の妻は学校の生徒としてカナダに来ていました。

　私は彼女に困っている話などはしなかったのですが、会社の社長が夜逃げしてきたことをどこからか知ったようです。彼女は学生代表として、私に内緒で社長に対し、「学校はサミーに任せなさい」と何度も手紙を送っていたのです。

　まだ正式に離婚をしていない時に、前妻は私に女性の気配を

感じてカナダに舞い戻ってきました。そして彼女に向かって暴言を吐きましたが、彼女は逃げませんでした。そして前妻が彼女の家族にまで電話をかけるような行動に出て、私はもはやこれまでかと思いましたが、彼女はひるみませんでした。その後、離婚は成立したのですが、訴訟を起こされ、彼女、つまり今の妻は子どもを連れて東京の法廷に出頭させられました。大変辛い思いをしたと思います。しかしそれに立ち向かう根性が彼女にはありました。

　ホリエモンの話じゃないですが、私がその時社長であったとか、お金持ちであったならばまだしも、逆境のどん底に身を置き、年もずいぶんと違う、そんな私とどういう訳だか一緒になってくれました。いったい何が良かったのかと疑問に思うほどです。

　一緒に人生を歩み始めて 23 年になりますが、時折、妻は私が自分で気づかないことを指摘してくれます。

「人の悪口は言わないで。面白くないわ」
「そんな眉間にシワを寄せていたら人も付いてこないわよ」

　そんな風に私をたしなめてくれます。

　今は喧嘩も頻繁にしますし、子どももいますから、家庭のなかでの妻の存在をごく当たり前のように感じてしまっていますが、よく考えてみると縁の下の力持ちといいますか、妻のこれまでの応援がなければ、今の自分はないだろうなと思います。そんなことを思いながら、日々、妻への感謝の気持ちを忘れずにいたいと思います。

インテグリティーについて

　私はインテグリティー（Integrity）という言葉が好きです。Integrity は「誠実に生きる」という意味の言葉です。このことは北米でビジネスをするうえで大切なことです。これが欠如すると周りから信用されません。私は明治の頃や太平洋戦争以前の日本人にはこのインテグリティーという概念が存在したのではないかと思っています。しかしながら今の日本社会は、マスコミへの企業の内部告発や、ネット上での書き込みによる告発行為などが目に付き、インテグリティーの欠如が甚だしい状態だと私は感じています。

　インテグリティーの大切さを切実に考え始めるきっかけとなった前妻の義兄の話をします。彼は有名国立大学を卒業後、日本の大手銀行の海外事業部に勤めました。ニューヨーク勤務を命じられ、そこでの５年の任期を終えて帰国。その後も出世街道を進んで、再びニューヨーク勤務となり副社長のポストまで手にしました。しかしそれにもかかわらず、突然彼は職を辞してしまいました。
　辞める理由がわからず不思議に思っていましたが、後になってある事件が明るみになりました。彼の部下のディーラーが、銀行の金を使い込んで大きな社会問題となり、挙句の果てにその銀行はアメリカから撤退せざるを得ない事態にまで発展したのです。

彼は多くを語りませんでしたが、不祥事を隠蔽する会社の姿勢が許せなかったのでしょう。せっかく得た高いポジションを自ら捨てる決断をした背景には彼のインテグリティーがあったからだと後でわかり、立派な態度だと私は感心しました。

　会社の内部に不正な行為があると気づいたときにどういう態度をとるか。たとえ上司に伝えたくても「仕事がなくなってしまったら……」「解雇されてしまったら……」と恐れを抱いて踏み止まる人もいることでしょう。しかし、そうしたときにはトップに直訴すべきです。それにもかかわらず会社が事実を取り合わずもみ消そうとするならば、その会社に居続けるか辞めるべきかは自分のインテグリティーに照らして考えるべきです。ましてや上層部に掛け合う勇気がなくて、新聞社に連絡するなどはインテグリティーのある人のやるべきことではないはずです。
　良いこと悪いことは自分で判断するべきで、人に判断を仰ぐものではない。私はそう確信しています。

自分に正直であること

　このことを話すと自分の恥ずかしい部分がすべて出てしまうと思い、躊躇していましたが、私にとっては非常に大切なことですので思い切ってお話しします。

　私には日本でサラリーマンをしていた時代に結婚した前妻がいました。上司解雇事件の際に、自分なりの生き方がはっきりしていた私は、すぐに「会社を辞める」と妻に宣言しましたが、その時妻は

「冗談じゃないわよ、辞めないで。次はあなたの時代よ」

　と言いました。しかしそう言われたところでうれしくもなんともなかったですが、ただ家庭があるからには、次の職を決めるまでは会社にとどまろうと思いました。

　その後、私が転職して見切り発車でカナダに渡り、半年後に彼女も来ましたが、彼女自身はそれ以前にほとんど海外経験がありませんでした。結婚当初、彼女は自分が将来カナダに来るなどとは考えもしなかったでしょうし、できっこないとも思っていたことでしょう。いざ来てみたものの、この土地が合わずに辛かったようです。さらに会社が倒産の憂き目に遭い、サラリーマンだった私と結婚した妻としては、とても精神的に不安だったのだと思います。彼女は自分で好きな仕事もありましたから、私がどん底

の時に荷物をまとめて日本に帰ってしまいました。

　自分で自分の面倒をみなければいけないと思っていた矢先、私が仕事で日本に帰る直前に、留学時代のルームメイトだった岩瀬教夫が電話をくれました。

「お前ももう40を過ぎているし、お前はお前の人生を考えなければならないから、先方とはけじめをつけて離婚をして、今後お前がカナダにいるなら、ここで新たに家庭をもった方がいいぞ」

　私も岩瀬のアドバイスと同じことを考えていたところでしたから、その言葉に力を得て日本に帰って離婚の話を彼女に切り出しました。

　彼女は私の進みたい方向を理解してくれました。そして「私はカナダが怖いし、嫌いだから」と、私と一緒の方向には進めないことをはっきりと語りました。ここまではすんなりといったのです。彼女は私に「家族に会って説明して」と頼みました。彼女は4人兄弟の末っ子でした。「いいよ」と答えた私は翌日、家族会議の場にいました。

　ここで一つお話ししておかなければならないことがあります。前妻に離婚を切り出す前に、私は自分の実家で数日間過ごしていました。当時、英語学校で私を支援していた女子学生（現在の妻）と私の仲が良くなっていたことを私の家族は知っていました。

それで兄は言いました。

「お前、口が裂けても『好きな人ができたから離婚したい』なんて言うなよ。それを言うだけですごい慰謝料が取られるぞ」

　それに対して私は

「結婚して７年間一緒に暮らしてきてお互いの気持ちはよくわかっているから、僕は嘘は言えない。だからはっきり言うつもりだ」

　と言いました。

「ばか言うな」

　そんなやり取りが３日間続きました。朝起きると心配してくれた周囲の人たちが、口を揃えて「言うなよ」「言っちゃだめよ、すごい慰謝料になるわよ」と言いました。当時生きていた母が

「あなたはどうするの？」

　と心配そうに聞いてくるので

「お袋、僕はやっぱり正直に言わないといけない。そういう人生送ってきているし」

　と言ったものの、兄からまた「だめだぞ」と釘を刺されました。その頃私は一文無しでしたから、正直なところ心の片隅に少しでも損害が少なければいいなという気持ちはありました。

前妻の兄弟たちや母親に取り囲まれて家族会議の場にいた私は、

「好きな女でもできたんでしょ！　どうなの！　うちのかわいい妹をどうしてくれるわけ？」

と姉たちに詰め寄られました。しかしその時、私は「そうです」と認めることも、頭を下げることもできませんでした。

　兄や義理の姉からの忠告があろうとなかろうと、言うか言わないかは私の決めることでした。しかし、自分はその場で正直に言うことができなかったのです。後になってそのことを非常に後悔しました。

　その後、たいへんこじれた状況になってしまいました。彼女は「男はすべて女性の敵」と言わんばかりのバリバリの女性弁護士を雇い、こちらでは父の知人の気の良い初老の弁護士を雇い、その結果、裁判で私は完全な敗北となりました。またその裁判の過程では今の妻や子どもも法廷に呼び出されてと、かえって大変な状況を招いてしまいました。

　裁判の結果はどうあれ、前妻から見た私は、前妻曰く「うだつの上がらない駄目亭主」でしたが、自分では自分のことをそうは思いたくありませんでした。しかし実際妻にとってみれば、生活の安定したサラリーマンと結婚したと思っていたのですから、そんな前妻を不安な目に遭わせたことは申し訳なかったと思っています。

この大きな事件を経験し、誰かがこう言ったからと判断を委ねてはいけない、目先の損得を考えてはいけない、自分に正直にあることがどんな状況にあっても絶対大事だと痛感しました。そうでないと胸を張って歩いていけないのです。

私が尊敬する明治の人物

　同志社大学を創立した新島襄先生がその人です。新島先生は密航してアメリカに渡り、アメリカの大学を卒業した日本で最初の人物です。

　時は日本に黒船が迫っていた頃のこと、新島青年はアメリカ船の船長と約束を取り付けて乗船することになるのですが、小船の船底に隠れてアメリカ船へと向かうところを役人に見つかってしまいます。普通ならばそこで捕まり、家族共々打ち首となってしまうところにもかかわらず、役人は彼を見逃してくれて、無事サンフランシスコに行き着くことができました。それから東のボストンに移動し、ボストン郊外のアムハースト・カレッジでキリスト教を学んだのです。

　新島先生は帰国を前にしてカレッジの学生に向かって演説を行いました。「日本でキリスト教の普及をしたい」その切実な思いを伝えたスピーチが聴衆の胸を打ち、同窓生や卒業生から５千ドルが集まり、それを日本に持ち帰ったといいます。その資金で創立したのが「同志社英学校」、後の同志社大学です。当初は東京に開校しようと考えたそうですが、明治政府から許可が下りず、ならば御門のあった京都へ乗り込もうと考えました。当時、キリスト教を公に普及することはままならなかったため、同志社英学校

という英語学校の形でスタートし、キリスト教は非公式に伝えていったそうです。

　私がこの人物に憧れる理由は、次の二つのエピソードにあります。

　ひとつは同志社大学に飾られている「新島先生の折れた杖」にまつわる話です。開校後、同志社英学校の人気が高まり、急に生徒が増えたことで学校側の手が回らず、生徒から教員へ不満の声が上がりました。教員も教員でお手上げ状態のために新島校長に状況を報告し、相談を求めたそうです。

　そうした状況に自分自身をオーバーラップさせてみると、私ならば教員に向かって「そうした生徒の状態を収めるのがあなたたちの仕事ではないか」と言いかねないと思いました。「そのためにお給料をあげているんですから」といった具合に。

　ではその時、新島先生はどうしたか。彼は翌朝の朝礼で全校生徒と教員を前にして、頭を下げて言いました。

「申し訳ない。責任があるのは自分だ。許してくれ」

　そして杖をふり挙げてガンガンと自分自身を叩き、その激しさゆえに杖は折れてしまったのです。

　ところで新島先生は咸臨丸でアメリカに渡っています。その一団のメンバーのなかに「新島先生を文部大臣に」と推薦した人がいました。しかし彼は、「自分は教育者であるから、政治のような

華やかな世界には出ないで、教育者として生涯を全うしたい」と語っていたといいます。これがもうひとつのエピソードです。

　新島先生の通ったアムハースト・カレッジには今も彼の肖像画が掛かっていて、それは日本がアメリカと戦争していた当時も下ろされることはありませんでした。それほど人望の厚い、信頼される人物であったことがわかります。

　時代こそ違いますが、同じ教育畑に身を置く者として、新島先生は尊敬してやまないお手本となる人物なのです。私自身は、つねにその新島先生の生き様を想像しながら学生に接するよう心掛けています。

私のライフワーク

　英語学校をずっと続けてきたなかで、私の意識に大きな変化がありました。

　学校を海外に作るにあたり、当初は日本人のための学校ではなく、あくまでもインターナショナルな学校として成功したいという気持ちをもっていました。周囲には日本人が日本人のためにと海外に立ち上げた学校もありますが、私のスタンスは違っていて、学校を立ち上げたのがたまたま日本人だった、そういう英語学校でありたいとつねづね思っていたのです。

　しかしそうして英語学校を経営してきて、十数年経った頃からどこか満ち足りないものを感じるようになりました。インターナショナルな英語学校とは別に、何か日本人のための寺子屋のようなことをやりたい気持ちが頭をもたげてきたのです。しかしながら学校の方は大きくなりすぎて融通がきかないので、本体とは別な形で起こそうと「国際コミュニケーション塾（ＧＬＳ）」の構想を考え始めました。

　しかし当初から直感的にこれを営利目的の学校にしてはいけないような気がしましたし、儲けの出るようなものにもなりっこないと思えました。利益を出そうと思うと一番やりたいことができない。それならばここで費用を捻出することは考えず、本体の学校に余裕が出たなら、それでＧＬＳの分をまかなっていこう

と思いました。

　そんな構想を持っていた折、恩師のひとりである戎家さんから声が掛かりました。彼曰く「俺も大阪で年寄り扱いされてくすぶっているのは嫌だ。自己実現と社会貢献を兼ねて、お前、なんとか俺をカナダに呼んでくれないか」そんなアプローチを受けたのです。お嬢さんが以前、私の英語学校に来ていたこともあって、この学校を身近に感じてくださっていたのでしょう。戎家さんの手を借りるというきっかけを得て、ＧＬＳの実現に踏み出すことができました。

　この寺子屋では、英語における日本人特有の弱点を補強し、グローバル・ライフスキルとして積極的な姿勢、問題解決能力またクリティカル・シンキングを学ぶことに加え、成功哲学や海外で活躍する日本人の経験を共有する機会や日本文化を知る機会を提供していました。

　どうしてこうしたことを実施したかといえば、英語学校として語学習得の手助けをしていくなかで、こんな言葉があるかはわかりませんが、「留学難民」を作りたくなかったのです。留学に来たけれど結局成果が上がらなかったというのではなく、時間とお金を投資している学生の役に立ちたいのです。また、多くの学生が自分探しに来ていますから、ポジティブ思考をもとにした成功

哲学を共有することで、皆さんに自分らしい生き方を見つけてもらいたい。そして国際社会で活躍していく人は、根無し草ではなく、自分のよりどころやベースとなるものを理解しておくことが大事です。そのため日本というルーツをしっかり踏まえてほしいとの願いから創設したものでした。

　学生は朝から夕方まで英語の授業を受けた上で、さらに夕方の２時間をＧＬＳに足を運んでくれていました。
　そして学生からは「ありがとうございました」と声を掛けられ、こちらからも「ありがとう」と声を返すような純粋な関係をもつことができ、とてもうれしいものでした。

　多くの人に喜んでもらうことがビジネスの基本と考えている私としては、寺子屋に関してもカナダだけでなく、世界ネットで結びつくような運動への展開も構想していました。

　寺子屋の名称を「Global Life Studies」そして日本名を「国際コミュニケーション塾（現グローバルキャリア塾）」としていますが、これは学校立ち上げの時にお世話になった野口氏所有の会社名「国際コミュニケーションズ・スクール」にちなんで付けました。現在そちらの会社ではＴＯＥＩＣの運営事業が中心ですが、もともとＴＯＥＩＣ創始者の北岡氏にはＴＯＥＩＣをベースにした

学校を作ろうという構想があったのだと思います。私はこの名称を借りながら、ここをただの語学学校とせず、明治維新期の寺子屋のように、新しい日本を作っていく人たちがここから育っていくようにと願いを込めました。またこの寺子屋を卒業することが最終ゴールでなく、ここを通過点としてもらえたらとの願いもあったのです。

　私自身は1970年代に留学して帰国した時に、どうしても「出る杭」となり、自分の身に付けた積極性が社会に受け入れられず苦しい思いをしました。そして80年代に「帰国子女」と呼ばれる人たちが日本の中で別扱い、邪魔者扱いされることがありました。しかし今や海外企業の買収などグローバル化が進んでいる時代です。だからこそ一部のエリートだけでなく、留学を終えた人みんなが社会に貢献しながら新しい日本を作っていけるよう力強く後押ししていきたい。その思いを形にしたGLSは、自分が学校の経営を降り、違う英語学校に移ってからも形を変えて継続し、その後もその思いは続いています。

第6章

人生で大事なことを知る（60代）

青春の友、サトミに届けたもの

　ゴールデン・ゲート・ブリッジを歩いて渡る3人の男たちの写真。パープルのジャケットにサンフランシスコ到着後すぐに買ったLeeのコーデュロイのパンツを身につけた私、白いコットンジャケットのサトミ、そしてスガちゃん——。

　学生時代に初めての海外、初めてのアメリカで撮ったこの1枚の写真のイメージが、40年以上経った今も私の脳裏に強烈に焼き付いています。

　海外への個人旅行の解禁から間もない1972年。ひやりとする潮風を額に受けながら、ビッグで自由な国アメリカで、大きな橋の上を闊歩していた私の胸の中は、時代の先駆者のような誇らしさと、ワクワクする気持ちにあふれていました。「自分らしく生きていくこと」——その象徴であり、原点でもあったのがこの写真だったのです。

　「アメリカひとり旅」にも紹介したこの旅で一緒だったサトミは、その高揚感をいっそう盛り上げてくれました。

　橋を渡るサトミは、その長身に白のジャケット、パーマヘアにサングラスで決めこんでいました。まるでロックバンドから抜け出したようなそんな格好をした男はそういませんでした。ですが、

186

サトミはこれを何とも自然に着こなしていたのです。「コイツ、一緒に歩かせてもカッコイイな」とひそかに思っていました。

　サンフランシスコで私はいったん彼らに別れを告げ、３週間後にロサンジェルスで落ち合った後は、サトミ、ノグチと共にハワイへ飛びました。そのワイキキビーチのホテルでのことです。

「おい！写真撮ってくれよ」

　サトミがバルコニーの方から呼びつけたので行ってみると、バルコニーに立っていたサトミとノグチは真っ裸でした。

「おまえたち、変態か？」

　私はあきれて相手にしなかったのですが、

「若い時の記念にしたいんだ」

　と、二人はその後、ビーチに行ってもそんな写真を撮っていたようです。

サトミという男

　そんなサトミは同志社大学の学生でした。

「俺は授業が終わると時々、同志社女子大寮の下の芝生に行ってひとりでエルトンジョンの Your Song をギターで弾き語りするんだ」

　とは、まったく彼らしい行動です。そして早々に高校時代から

相思相愛だった同級生と結婚。二人でフレズノに留学中の私を訪ね、私の部屋に1週間泊まっていったことがあります。

　高知県の名士の家に生まれたサトミは、東京に本社がある大手石油系の会社に勤めていました。勤め先の東京から出張で大阪方面へ来ると、私と一緒に飲んで過ごしました。大酒飲みで大食いの彼は飲みながらこんな話をします。

　「上司のヤツが自分で失敗しときながら、会社では知らんぷりでな。それなのに酒の席で謝ってきたから、俺はそいつに蹴りを入れてやったんだ」

　豪快な男です。そして私と食べに行ってさんざん注文しておきながら、店を出ようとする段になって、「金を持ってきてなかった」なんてこともありました。

　仕事で海外に行くことも多かったようで、40代半ば頃に「サンフランシスコで一緒に行ったところはどこだったっけ。もう1度、歩いてみたい」と連絡をもらったこともありました。出張ついでに思い出の地に行ってきたようです。その後、東京から地元の高知に住まいを移し、おやじバンドでロックをやっていると写真を送ってきたこともありました。

年賀状のやり取りから

　実際に会った回数はと言えば7、8回なのですが、年賀状をやり取りする関係は私が海外に来てからも続きました。お互いが60代に入り、サトミからこんな年賀はがきが届きました。

　「少年老いやすく学成り難し」

　そう書かれた下に三つの写真が並んでいました。幼少の彼、あのゴールデン・ゲート・ブリッジを渡った頃の彼、その次にハゲ上がったオヤジの姿。

　「オマエこんなになったのか！」

　そのユーモアがまったくもってサトミらしいのです。その年賀状ですが、私が引っ越し後の住所を知らせていなかったために、1度彼のもとに戻ってしまいました。私に何かあったかと心配したサトミは何とか私のメールアドレスを見つけて連絡をしてくれました。そのこともあり、翌年は年明け前にEメールでクリスマスメッセージを送りました。すると3カ月も経ってその返事が彼ではなく、彼の娘さんから届いたのです。サトミは奥さんを数年前に病気で亡くしていました。夫婦仲が良かったことは、メールアドレスに奥さんの名前を使っていることからもわかりました。

　「父のメールを整理していてサミーさんのことがわかりました。父は脳腫瘍で入院していて、医者から親しい友人には知らせておくようにと言われています」

そう知って私は決めました。「サトミに会う前にゴールデン・ゲート・ブリッジに行くぞ」と。私にとってあの場所は自分の原点です。きっとサトミもその時のことは、自分らしさの証し、かけがえのない思い出であるに違いない。私にはその確信がありました。そして娘さんに連絡しました。

　「僕はお父さんと一緒に歩いたゴールデン・ゲート・ブリッジに行ってから、お父さんに会いに行きます。学生時代、一緒に歩いた時の写真があるはずなので、探していただけませんか？」

　実は私の持っていた写真やアルバムは、カナダに移住する際に日本に置いたままになり、自分の手元には当時の写真がなかったのです。でもあの写真のイメージだけはしっかりと残っていました。

再び橋の上を歩く

　サンフランシスコに降り立ち、ゴールデン・ゲート・ブリッジへ。学生の時には行きは車をヒッチハイクして渡り、帰りは歩きで渡ったその橋を、今度は往復歩いて渡りました。

　「サトミ、おれは今、ゴールデン・ゲート・ブリッジを渡っているぞ。覚えているだろ」

　何度も何度も心でサトミに語りかけながら、一歩一歩踏みしめながら歩きました。さすがにヒッチハイクはできませんでしたが、１時間半かけて橋を往復しました。

高知空港ではサトミの娘さんが迎えにきてくれて、病院へ向かいました。ベッドの上でチューブにつながれていたサトミに、応答できる意識はありませんでした。しかし私が

「行ってきたぞ！ ゴールデン・ゲート・ブリッジに。一緒に歩いたよな」

　と声をかけると、彼はむせかえったのです。私の自己満足かもしれませんが、彼に思いが届いたと感じました。その後、サトミの自宅で娘のリサさんが当時のアルバムを見せてくれました。

「サミーさん、見てください。こんな写真があるんですよ」

　それはホノルルのホテルのバルコニーでの真っ裸の写真でした。そして、あの橋での原点の写真。それは私の脳裏に焼き付いていたイメージとまったく一致していました。

「この時も青春だったし、今もそうだよ」

　私はリサさんにそう語り、アルバムを囲んだ私たちにはほんわかとした空気が流れていました。

　サトミ宅を尋ねた後、一緒にブリッジを渡ったノグチに会いに香川県に移動しました。再会したノグチはこう言いました。

「サミー、サトミはオマエのことを待ってたよ」

そうであってくれたと私も思います。サトミは面会の２週間後、あちらの世界へと旅立ちました。

　私がブリッジを歩くと宣言したことを、娘さんはサトミに伝えてくれていたそうです。その時はまだ意識がはっきりしていて、私からの報告を楽しみにしていたと聞きました。だからあの原点のブリッジを再度渡った時、きっとサトミの魂は病院から抜け出して、私と一緒に歩いていたと思います。

　橋の上に広がった青空は、限りなく自由奔放に生き、人生を謳歌したサトミの姿を映し出しているようでした。そして今、さらに自由な姿で羽ばたいていることでしょう。

高校生の息子が痛感した社会の理不尽さ

　次男（17歳）が正式にカナダでベースボールを始めたのは
8歳の時です。中学3年までは学校の活動として取り組んでいま
した。スキルアップのために、レベルの高い日本に時々連れていっ
ては、野球のトレーニングを受ける機会を作りました。努力のか
いあって次男はチームでエース。打撃よりも守備が彼のトレード
マークでした。

　ただ残念なことに、子どもが主役の世界であっても試合となる
と実力だけでなく、政治的なことも結構あります。そんな出来事
のひとつが、次男、中学2年の夏の試合でした。

　エースで登板し、リーグの最終戦。次男は抑えの投手として、
この試合に勝つために完璧なピッチングを見せていました。彼は
力で抑えて勝つ投手ではなく、打たせて取るタイプでした。

　同点で迎えた最終回の裏、バッターの打球は当たりの詰まった
ショートフライでした。三塁に走者がいましたが、打球をキャッ
チして一塁に送球すれば、アウトで試合終了の展開でした。ショー
トを守るジョンはうまい選手です。ところがそのジョンの後ろに
立っていた審判が問題でした。審判は怪我で腕にギブスをしてお
り、試合中、機敏に動けません。ジョンは、飛んできた打球をキャッ
チする時に、その審判にぶつかってボールを落としてしまったの

です。そのために三塁の選手がホームに進み得点。試合終了でした。

　翌年、州大会出場をかけての大事な最終戦でもこんなことがありました。場所はバンクーバー郊外の町・アルダーグローブで、地元の無敗チームとの一戦です。審判団も地元の人が担当でした。

　先発投手に選ばれた次男は、最終回まで相手を０点に抑え、１対０で勝っていました。最終回もそのまま続投していましたが、１点入れられ同点に。まだ一塁と三塁にはランナーが出ていました。そこで監督がマウンドに上がって息子に声を掛けました。

「満塁策でいく。次の打者とは勝負をせず敬遠しよう」

　少年野球で敬遠は珍しいことですが、監督は息子のピッチングを信頼していました。キャッチャーが立ち上がって敬遠を開始。ボールワン、ボールツー、ボールスリー。そして４球目という時に塁審が叫んだのです。

「キャッチャーズ・ボーク！」

　キャッチャーズ・ボークはキャッチャーがいるべきエリアから外れて投球を取ったときの反則です。それはプロ野球の世界でも何十年に１回しか取られないようなもの。しかも、もともと子どもの野球場にはキャッチャーズ・ボックスの線など引かれていません。しかしこの判定であっけなく試合終了。相手チームの優勝

が決まり、またもや悔しい思いをしました。

　さらに翌年、同じ監督のもと、ビクトリアで戦った遠征試合でのことです。エラー続きの試合の中、次男は守備固めでサードを守っていました。ショートとサードの間、三遊間のゴロが転がってきました。普通ならここでサードの選手が取りにいってファーストに投げる場面です。ところが、ショートを守っていたプレーヤーが突進してきて、そのボールを横取りしてしまったのです。試合後、私は息子に言いました。

「あれはお前のボールだった。次に同じボールが来たら絶対お前が取りにいけよ」

　翌週、またビクトリアへ遠征試合があり、同じ球場でまったく同じ三遊間に打球が飛んでいきました。息子は当然のこととしてボールを取りにいきましたが、またしてもショートが取りにきました。そして息子がボールをグローブに入れた瞬間にショートが息子に体当たり。その時、ポキーンと音がしました。息子は数メートル飛ばされてもおかしくないほどの衝撃を、踏ん張って受けてしまったために、その衝撃で鎖骨が折れてしまったのです。その後３カ月間はプレーができなくなりました。

　怪我はシーズンの開幕間もない時で、しかも息子はエースでしたから、チームはそれからずっと負け続けました。自分のポジション

は取られ、ベンチでの応援もつまらなく感じいていた息子に、監督は

「どうだ、早く出てこないか」

としきりに声をかけてきました。それで片手をかばいながらも、投球の練習を始めることにしました。でも練習前に一言、私はどうしても監督に言わなくてはならないことがありました。

「息子に期待してくれるのはうれしいです。息子を練習に行かせるからひとつお願いがあります。あの事故が起こったときのリプレーをして振り返ってください。息子が納得するように」

と。ところがそう語ると驚くことに監督はこう言ったのです。

「お前の息子のボールの取りにいき方が悪かったんだ」

私は唖然としました。野球を知っている人から言わせたら、この発言はあり得ないことです。監督がまともにそんなこと言うなんてあり得ません。よく考えてみると、アメリカなどに遠征して試合に行くと必ず試合前に「怪我などをしても訴訟しません」とサインをさせられます。おそらく監督は非を認めて訴訟になることを恐れたのかと思うと本当に悲しくなってしまいました。

釈然としないものを抱えたままでしたが、息子は怪我から２カ月半ほどでチームの戦力として復帰。そのシーズンの秋のリーグ

196

まではチームに在籍してプレーしていたのですが、そのリーグを最後にベースボールと決別してしまいました。父親の立場からは、日本でスキルアップに取り組み、ベースボールのための学校に通いがんばっていた我が子に、ベースボールをぜひとも続けてもらいたかったですが、彼に思いを聞くと

" I find it too stressful."
（ものすごいストレスを感じる。）

と言って、ぽろっと涙をこぼしたのです。それで親として「ああ、納得だよな」と感じ入りました。
息子はベースボールを通して社会の理不尽さを感じたことでしょう。その息子も今ではバドミントンに新天地を見いだして、いきいきとプレーし、バドミントンのコーチのアシスタントをするまでになっています。

小さい頃からピッチャーを務め、マウンドに立って嫌というほど孤独を感じながらも、逃げずに戦い続けた強靭な精神を、ぜひこれからの人生に生かしてもらいたいと思っています。

金星からやってきたという友人の話

　大阪のオフィスで勤務をしていた頃、同じビルの1階にアメリカのミネソタ州立貿易事務所が開設されました。私自身、アメリカに住んでいたことがあるため、この貿易事務所に興味があり、所長の中道さんとも話す機会ができました。中道さんは、いつも事務所の1階のフロントにいらして、笑顔での応対が印象的な方でした。その日もフロントにいた中道さんに挨拶をしたところ、中道さんがこう切り出しました。

「高橋さん、ちょっといいですか？　ちょっと僕の2階のオフィスに来ませんか？」

　促されるまま一緒に2階に上がると、中道さんはオフィスの席に座って、少しそわそわしながら、はにかんだ表情で私にこう言ったのです。

「高橋さん……。僕はあんまり人にこういう話をしないんですけど……。僕、実は金星から来たんですよ……」

　私はあっけに取られました。いったい何を言ってるんだろう、冗談はよしてくださいという思いでしたが、とりあえず

「えっ、中道さん、それってどういうことですか」

　と応対し、その後、何も言えませんでした。ただ日頃の信頼感

もあって、彼を変な人だとは思いませんでした。

　その場で中道さんからは何をするために金星から来たとか、ましてやどうやって地球にやって来たのかとか、そんな話は一切なく会話が終わってしまいました。

　私がスピリチュアルのスの字も何もない頃のことです。まったくその手のことに興味がなかったわけではないですが、シャーリー・マックレーンの本など読んだわけでもなく、普段まったく考えてもいなかったことでしたから、中道さんの発言はものすごく衝撃的でした。

　ここを起点にして、私はその後の人生で、どんどんスピリチュアルな方向に導かれていった気がしています。私に健康上のいろんなアドバイスをして、肺のしこりを消してくれたホリスティック医学の大家である大塚先生に会った時、この人は宇宙人だと感じたことなど、あれからいろんな体験がありました。

　ともかく、中道さんはなぜあの時、私に金星人であると言ったのか。それはずっと私の中での大きな疑問となって残り続けました。

中道さんとの再会

　その中道さんと3年ほど前に30数年ぶりの再会を果たしたのです。ミネソタ州立貿易事務所を作る種まきをした人物は、現在日本におけるコーチングの世界の第一人者とも言われている方で

すが、その方とご縁のできたことがきっかけでした。その方からのつながりで、フェイスブックを通じて中道さんと再びつながることができたのです。

　中道さんは私のことを覚えてくださっていました。私はメッセンジャーにこう書きました。

「また中道さんとつながることができて本当によかったです。あの時の中道さんのあの発言がなかったら、今の僕はいなかったです」

　すると返事は

「あの時のって、何でしたっけ？」

　私は、もしかしたらフェイスブックページが検閲されていて、それを警戒しての発言かなと思いながらも、そのことは追求しませんでした。ともかく再会を約束して、実際に新大阪で会うことができました。

　しかし、その30数年ぶりの再会で、中道さんと面と向かっての会話でも、

「そんなこと言いましたっけ？」

　でした。そしてこう言われました。

「そうか、僕はあのときからずっとスピリチュアルですけど、サミーさん、僕はたぶん言わされたんでしょうね」

なぜ私の前で自分は金星人だと言う必要があったのか。結局わからないままなのです。ただ今から思うと、あの時の私はそのメッセージを聞くには準備ができていなかったのかもしれません。憶測ですが、中道さんは「この人に伝えても大丈夫」と直感的に感じたけれど、いざ伝えてみたら反応がなかったことで、軌道修正が働いたのかもしれません。

　私は、私たちが生きる世界の本当の姿や本当の価値について語っている本『アミ小さな宇宙人』に感銘を受け、その価値観をシェアしあう「アミの会」を各地で開いています。もともとUFOや宇宙人の話などが好きな中道さんは、大阪でのアミの会に参加してくださるようになり、仕事でなく価値観をベースにつながる関係ができました。

　私はこんな風に思っています。中道さんはもともと金星かどこかからいらっしゃっていて、純粋な金星人か、地球人とのハイブリッドなのか、何かはわからないですが、何かの使命をもってきていらっしゃるのではと。そしてそういう人が世界中にたくさんいらっしゃるのかなと思います。今後、そういう人たちともっともっとつながっていけたらいいなと思っています。

真夏の夜の不思議な出来事

　2013 年の 8 月半ばに、カナダのブリティッシュコロンビア州の内陸部オカナガン地方で 1 週間のベースボールキャンプがあり、私は高校生の息子の同行を予定していました。息子たちの寝泊まりする場所は地域の屋内ホッケー場と決まっていました。そこにベッドを並べて 7、80 人収容するという案配です。私自身のためにも宿が必要だったところ、妻が言いました。

　「ネットで 1 週間 350 ドルで泊まれるところを見つけたわよ。予約取ってみる？」

　そこは民宿でキャンプ地から車で 45 分ほどの場所でした。それなら料金も手頃でいいと思い、民宿の予約をしました。その後、民宿のオーナーから連絡があり、「湯沸かしのボイラーが壊れたので修理が間に合わず、泊まれないかもしれない。1 週間前になったら電話をしてほしい」と告げられました。まだ宿泊予定日からひと月も前のことでした。まだ時間もたっぷりあるからなぜ修理にそんなに時間がかかるのだろうと不思議に思っていました。そうこうするうちに何とかボイラーの修理は終わったそうで、無事泊まれることになりました。

いざ宿へ

　そして当日。私は清瀬君と一緒でした。清瀬君は、私が校長を

していた英語学校の卒業生で、私の息子に日本式の野球を２年に
わたって指導してくれた青年です。そのためぜひ、とキャンプに
誘いました。夕方にキャンプが終わって、私たちが民宿に向かう
前にオーナーに電話を入れました。オーナーからは

「途中にゲートがあるから、そこまで迎えにいくよ」

　と言われましたが、

「到着時間もまだはっきりしませんから自分で行きます」

　と答えました。そして宿の住所をカーナビに入れようとした
ところ、その住所では入力できませんでした。でもとにかく行け
るところまで進んで、それから再び電話をかけて行き方を尋ねま
した。

「うちの民宿はそこからもっともっと先の方。ゲートが二つある
から、それを開けてずっと上ってきてくれ」

　宿へ向かう道は草がボウボウと生えた砂利の山道でした。辺り
は牧草が広がり、牛が放牧されていました。空はまるで『千と千
尋の神隠し』の１シーンのように冴え渡ってきらめいていました。
坂をぐんぐん上がっていっても、宿らしきものは見えません。
途中で現れたゲートは５メートルほどもあるコの字型のもので、
車から降りて清瀬君がその重いゲートを全身で押し開けて、しば
らく行ってまたひとつ開けて山道を進みました。

明るくのどかな景色であるものの、どこにも人の存在を感じさせない、なんだか現実であって現実でないような、なんとも心もとない感覚がありました。本当にこんなところに民宿があるのだろうか。しかも食事なしの民宿なのに。そんな不安な気持ちを、でこぼこ道で上下する車に乗せて上がっていくと、その道の先にジープが現れました。山の上から降りてきたジープには、大きな犬を横に乗せ、こちらに手を振る黒く日焼けした老人の姿がありました。白いヒゲもじゃの風貌は、ハイジのおじいさんのようで、犬は『フランダースの犬』のパトラッシュのようでした。

人里離れた山の上

　オーナーに導かれて山のてっぺんまで行き着きました。山の頂上は結構な広さがあり、そこにオーナーの住む家とゲスト用の離れがありました。さらに2階建ての建物があって、それを彼はユースホステルだと紹介しました。後で気づいたことですが、ほかにも小屋のようなものがありました。建物だけあって人気がないその場所は、ある意味で廃墟のようにも見えました。

　「女房がシアトルに行っていて、いるのはわしと犬だけだ。トイレは水洗ではないから、用を足したら砂をかけてくれ。外で自由にやってくれてもいい」

　ドイツ系だというオーナーからそんな説明を受けました。山から見える南のエリアはもうアメリカという国境沿いの場所でした。

思わずとんでもないところに来てしまったと思いました。

　夜、カーテンのない窓から見える真っ暗な景色。まるで大自然の真ん中に無防備に放り出されたような怖さがありました。どこからか山猫でも出てきそうな雰囲気なのです。

　とりあえず何事もなく一夜を過ごし、朝から息子のベースボールキャンプを見学に行きました。夕方にまたこの山頂の民宿に戻るのが怖くもありました。ともあれ、4日間を何とか無事過ごし、明日、バンクーバーに帰るという夕方、支払いをするためにオーナーを探しました。家には姿がなく、見つけたのは掘建て小屋のような建物の中でした。私は民宿に着いてから、半ばいぶかしく思っていたことがありました。こんな何もない場所に住むなんて、この山は麻薬の取引にでも使われているのではないかと。国境近くであることも、そう思った理由でした。

　ところが小屋で目にしたのは、そんな私の思いを撹乱させるような光景でした。ドアがなくローソクの灯りだけの薄暗い小屋の中には、ダイニングテーブルを囲んだ人々の姿がありました。そこはテーブルだけで小屋が埋め尽くされるような狭い空間でした。オーナーはテーブルの上座に座っていました。その横には3人ずつ若者たちの姿がありました。食事中の様子でした。

　私の頭の中は疑問でいっぱいになりました。この人たちはいったいどうやってこの山頂まで来たのだろう？　オーナーが何度

かに分けて迎えに行ったのだろうか？　自分たちの車で来たのなら、どこに車を停めたのだろう？　山頂にはオーナーのジープと私たちの車しか停まっていないのに……。ひょっとしたら……？

オーナーは、ろうそくの灯りで食事をしているゲストたちを紹介してくれました。イギリス人カップル、ドイツ人、ブラジル人、男性は4人、女性は2人でした。

「後で君たちのところに行くから」

とオーナーは言いました。

脈絡なく陰謀説を話し始めたオーナー

麻薬ディーラーという線ではなく、もしかするとオーナーはもっと怪しい秘密を持っているのでは。もしかしたらあのゲストたちは異次元からUFOでやってきた宇宙人なのか。そんな複雑な気持ちで自分たちの建物に戻りました。その私たちのもとへ、オーナーは夜10時近くにやってきました。そして立て続けに話をしたのです。

「9.11の事件はなぜ起きたか知っているか？　あれは陰謀だったんだ。日本の3.11の津波、あれは人工津波だったんだよ。J・Fケネディの暗殺は……」

その話に度肝を抜かれました。そのトピックといい、陰謀説といい、まるで先ほどから私が勘ぐっていたことを、オーナー

がテレパシックに読み取って答えているかのようだったのです。オーナーはひとしきり陰謀話を続けた後でこう言いました。

　「君たちが泊まっているここは、誰が作ったか知っているか？ここは世界中の若者たちを募って共同で作業して作ったものなんだ。なぜこんなことをさせているかわかるか？　僕は５歳の時、命からがらにドイツからカナダにやってきた。そして人生で一番大事なものは自由だとわかったんだ。その後、こうしてこの山を所有することになった。　―中略―　ここに来る世界の若者たちは、もし国と国とで戦争が起こっても、互いに銃を向けることはできないはずだ。そこの日本人の若者よ、君はここに残らないか。そしてここで他の国々からやってくる若者たちと一緒にボランティアをしないかね？」

　オーナーの真っ黒に日焼けした顔に力がこもっていました。そう言われた清瀬君は無言のまま恐怖心にかられていました。

再び宿を訪れたとしたら
　私にはあの山の上だけが何か異空間であるような気がしてなりません。だからもし再びあの山の上に行っても、建物はひとつも存在しないかもしれません。何だかそんな気がするカナダ・オカナガン地方での真夏の夜の不思議な体験でした。

金は天下の回りもの──人が財産

　生きていく上で、どうしてもお金は必要です。お金を創り出したのは人間ですから、お金の奴隷にはなりたくはないですが、そこから抜け出せない人が多いのは事実でしょう。

窮地で救われた出来事

　お金というのは、自分のしたいことを実現するための道具でしかありません。そのお金に関して、いろんな経験をしてきました。

　「空から落ちてきた不思議な財布」で紹介した寸借詐欺の話は、5000円を初対面の人物に貸して、まんまと盗られてしまった出来事です。それで上司のベト山内氏からバカだと思われたのに、それが1万5000円になって返ってきたのでした。これは自分が直面することに精一杯尽くすと、ご褒美がもらえることになっている。世の中は、そういう仕組みなのだと思えてなりません。

　カナダに来てからもお金に関して大きく学ぶことがありました。私がカナダで英語学校を立ち上げてまもなくして、その母体となった会社が倒産の憂き目に遭い、社長が夜逃げしてきました。その時、私の手元には全財産で3000ドル（30万円）しかありませんでした。私はなんとかこの学校を継続させたかったのですが、3000ドルでは話になりませんでした。その時、二つの助け舟が出されました。

「上司解雇事件」の当事者である上司 (副社長) の彼が、私を大阪のある経営者の所に連れていってくれて

「この友人に 3000 万円を貸してください」

　と話をしてくれたのです。その時の融資話はまとまらなかったのですが、この縁はその後、思いがけない花を咲かせます。

　もうひとつの助け舟が坂井（故人）さんでした。誰もが知っている英語テストを運営する会社の社長室長の坂井さんは、私が運営するカナダ校を視察にきた時には、ほとんどポジティブな姿勢を見せない人でした。しかし、その坂井さんが私の現況を知って、すぐ自身の会社の社長である野口氏に話をしてくれたのです。

　東京の野口氏の会社に出向いた私を迎えてくださった坂井さんと野口氏。その時、初対面となった野口氏の行動がすごいのです。社長秘書の方に

「すぐに 100 万円を用意して」

　そして目の前に 100 万円を積まれたことを覚えています。後に野口氏は 3000 万円の資金も提供してくれました。この時のことを何年も経って、野口氏に会った時に振り返りながら、

「こんな風に 100 万円を積まれて驚きました」

　と、山のような札束を手で表現して言うと、

「サミーさん、100万なんてこれくらいですよ」

　と実際には札束はずっと薄かったと言われてしまいました。でもそれほどまでに自分には大きな額に思えたのです。それにしてもほとんど見ず知らずの人物に、すぐに100万円を差し出してくれるとは、いくらお金があり余っている人でもできない行為と思えます。

　お金は前妻との離婚訴訟の時にも関わってきました。それこそ3000ドルしか所持金がない時でした。離婚の示談を成立させるために、500万円の支払いが要求されました。しかしこの慰謝料という個人的な事情のお金まで野口氏は貸してくださったのです。

感謝の気持ちの表現として

　野口氏とは、この時から十数年間お付き合いをさせていただきました。カナダ校がその後軌道に乗り、1000万円を報奨金として野口氏に差し上げたことがあります。その時、深々と頭を下げて野口氏にこう言われました。25歳で社長となって以来、長年経営者をしているけれども、こうして1000万もの報奨金をもらうことは初めてだと。そして感謝の気持ちを語ってくださいました。

　これもお金がなせる業です。もっともお金がすべてではないですが、お金に縛られてしまうと、お金以上に大事なことが見えなく

なってしまうものです。

無担保で、費用持ちで

　こんなこともありました。英語学校のメインバンクが倒産。その影響のためにすぐに5000万円を用意する必要に迫られました。その時に助けになってくれたのはベト山内氏でした。

「某大手銀行の副頭取が同級生だから」

　と言って副頭取につないでくれたのです。そのおかげで某大手銀行から無担保で5000万円を借り受けられました。こんなことは普通に考えてあり得ない話です。

　そしてリーマンショック後に学校が立ち行かなくなった時もそうです。沖縄の大手専門学校の理事長の島袋さんが

「ホテル代も往復の費用ももつから、ぜひこちらに来てくれ」

　と相談の機会を作ってくださり、条件が揃えば融資に、とまで話をしてくださいました。島袋さんもお金を自由に扱っている方です。

Leap of Faith　清水の舞台から飛び降りる覚悟

　人々が今の生活を守るために、嫌な仕事をしなければいけないことは理解できます。ですが、あえて「今辞めてしまったら、明日

から食っていけない」という状況を作る。そうやって自分を追い込んだほうが恐怖を克服する勇気が生まれ、自分を生かす道に進めるのではないでしょうか。清水の舞台から飛び降りることを英語では leap of faith と言います。信じて思いきって行動すること。怖がっていてはいけないのです。人生には目に見えない何かが働いています。そこにある大事な何かにつながるのが確固たる信念だと思います。信念に従って行動に踏み切ったとき、天が味方をしてくれる。私はそう思います。

与える側に

どんなにお金で苦しくなったときでも、私からどなたかに「お金を貸してください」と言ったことはありません。いつも「自分はこういうことがしたいのです」と語ってきました。

また逆の立場として、周りにお金が必要だと言う人が現れれば、お金を貸したり、知っているホームレスの人たちには会う度に物を買ったりしています。そうした際、心にあるのは、自分にはお金があるからという意識でなく、彼らが神様が仮の姿としてそこにおられるのではないかという思いです。この世の中にはお金をどれだけ持っているかにかかわらず、精神的に優れた方がたくさんいらっしゃると思います。

ギブ・アンド・ギブ

お金といえば、コメディアンで絵本作家のキングコング西野さん

の行動は世の中を沸かせました。自身が出版した『えんとつ町のプペル』を、ある子どもが「2000円は高い。自分で買えない」と言ったことを受けて、西野さんは「お金の奴隷解放宣言」を発表。そしてお金で格差が生まれている社会への疑問から、「お金を払って買って読みたい人が買ったらいい」と行動に出て、オンラインでは無料で読めるようにしてしまいました。この西野さんの思いきった行動に大いに共感しています。無論、生計を立てるためのものであればただにはできないですが、生計を立てられているのであれば、みんなに喜ばれるものを進んで与えるのは素晴らしいことだと思います。そもそも絵本を書いた動機は、お金儲けよりも、たくさんの人に読んでほしいという思いからだったと言います。こういうギブ・アンド・テイクならぬ、ギブ・アンド・ギブがもっと世の中に増えていくことを願っています。

考えていることはそのまま現実となる

　『引き寄せの法則』の本が流行してからしばらく経ちますが、振り返ってみると、今、自分の望む環境で、自分の好きなことができる生活に導いた出来事の多くが、自分の思いによる引き寄せ現象であったことに気がつきました。

再度のアメリカ行きを切望

　21歳で初めてアメリカへ旅行に行き、自分が現実だと思っていた閉塞感のある現実とは、まったく違う現実があることを知りました。うれしい衝撃でした。この可能性に満ちた新しい現実で生きていきたい。そう強く願っていながらも、日本という国でアルバイト探しをしている自分がいました。アメリカには行きたかったものの、何せお金がなかったからです。フリーターという概念のなかった時代でしたから、一度就職すれば半永久にその会社で働かなければいけない。だからアメリカに行くならアルバイトで稼ぐしかないと。しかし当時のアルバイトと言えば、せいぜい時給400円。しかも1ドル320円から330円の時代です。アメリカ留学のための250万円を貯めるために、いつそれだけのお金が貯まるのか。計算してみたところ、家に食費を入れずに貯めても11年間は必要。当時21歳でしたので32歳までかかるとわかりました。もうアメリカ行きの道など、すっかり閉ざされてしまった気持ちでした。

しかし、その頃ぱっと目に飛び込んできた求人情報がありました。時給1200円。駅に設置された無料の求人雑誌で、白黒だったのに、そこだけがカラーのように目に飛び込んできたのです。その仕事を自分ができるかどうかなど一切考えずに面接試験に向かい、その職を得ることができました。そのアルバイトのおかげで24歳で再びアメリカに行くことができたのです。

仕事で海外への夢

　そしてアメリカの大学を卒業して日本へ戻りました。日本の現実に戻ってきた後も、やはり頭の中では別の現実が展開しているアメリカに戻りたい、戻りたいの一心でした。しかし月日は流れ、40歳を目の前にして、その夢もはかなく消えると思えた時、新聞のある記事に惹き付けられました。英語学校の社長がインタビューに答えて、バンクーバーに英語学校を翌年にオープンすると言っていたのです。翌日、私は無我夢中で東京に行って、その社長に会っていました。そして自分がその会社の一員となってカナダの英語学校を立ち上げる役目を担いました。ところが立ち上げ後間もなく、バブルが弾けて社長はカナダに夜逃げ。そして自分も学校を辞めざるを得ない状況に陥りました。

　しかし、なんとしてもカナダで新たに英語学校を開きたい。そう願っているうち、会社倒産から1年半後に本当に新たに学校

215

を立ち上げることができたのです。学校作りには3000万円かかると見積もっていたところ、3000万円を引き寄せたのです。当時は思えば引き寄せるなどという考えは一切持っていませんでした。でも振り返ってみると、引き寄せの法則通りだったのです。

リーマンショックで韓国からの留学生が減ったとき

引き寄せの法則というと、こんなこともありました。カナダとオーストラリアで5校経営していた英語学校が順調にいっていた2008年の10月に、忘れもしないあのリーマンショックが世界を襲いました。しばらく大きな影響もなかったのですが、2009年の春には、韓国人学生がウォン安で半減してしまいました。バンクーバー校だけで100名の韓国人学生が姿を消してしまいました。途方にくれていたその時に競合校からサウジアラビアの学生を100名、受け入れてくれないかとの依頼がありました。これが引き寄せであったことになぜか気づかず、会社の側近の反対を受け、あっさりとあきらめてしまいました。

人生は思い描いた通りになると改めてそう思います。2015年のクリスマス前に家族でマウイに出かけました。ホテルにチェックインした直後、これまで4年間、立ち上げから手伝ってきた英語学校の上司から電話がかかってきました。親会社の方針で年明けには学校が閉鎖になるかもしれないという知らせでした。女房

に話すと「いつも家族でホリデーで行ったときに良くないことが起きるわね」というコメントが返ってきました。そう言えば以前も家族で旅行中にバンクーバーの学校で教師たちが組合を作るという騒ぎがあったからです。本来ならば帰ったら仕事が無くなると落胆するところかもしれませんが、私は逆にラッキーだと思いました。というのも、このことを雨の多い気分が塞ぐバンクーバーで知らされるのではなく、海があり、太陽がさんさんと輝くマウイで知り、しかもこれから1週間かけて今後のことを考える時間がもてると本気で思いました。そして今度は学生時代に住んでいたカリフォルニアで仕事がしたいとぼんやりと考えていました。

　するとその1カ月後に日本の上場企業の会長秘書の方から電話があり、会長が日本でお会いしたいとのことでした。たまたまその翌日から日本に行くことが決まっていたため、とんとん拍子で今に繋がりました。今はその会長の志のもと、アメリカのカリフォルニア州のサンディエゴでビジネスを立ち上げる仕事に携わっています。これからもこうして引き寄せで人生が続いていくと思うと、ものすごくワクワクする気持ちです。

現代科学では証明できない数々の発明を生み出した大政博士

「どうしても紹介したい人がいる」と大塚先生に告げられたのは2016年のことでした。

大塚先生は私の健康面でのメンター的な存在です。私の肺にあったポリープは、大塚先生から指導を受けた食事療法で見事に消えてしまいました。そうした西洋医学一辺倒でない、ホリスティックな見地からの助言をよくいただいています。そして私が大いに共感した小説『アミ小さな宇宙人』を大塚先生にもご紹介しました。アミの本は、人類の進化は愛で計られるものであり、その度数が高まるよう願って書かれた本だと私は受け止めています。今では大塚先生もこのアミの世界観にすっかり惚れ込み、よく話の引き合いに出してこられます。その大塚先生が大政博士とぜひ会うように私に勧め、「これはアミの世界がわかる人でないと紹介できないんだ」と強調したのです。

それで2016年の6月から計4回、大政博士にお目にかかりました。大政博士はどんな方かと言うと、放射性物質の害を極小化する装置を作ってしまった方でした。

そうは言われてもにわかには信じ難いかもしれません。簡単に大政博士がどんなものを発明されたかをご紹介します。

水を高速で撹拌させてできた数々の発明

　博士はもともとメッキ工場の経営者で、化学の研究者でもある人物です。彼は特別な仕組みの振動機を発明し、特許を取得しました。その機械は、質の高いメッキ加工を短時間で施せ、廃水に含まれている有害な物質を無害化できるという優れた利点があります。それが高く評価されて、科学技術庁長官賞をはじめ、数々の賞を受賞しました。

　その後、その技術を応用して、博士は水からガスまで作ってしまいました。その特別なガスとプロパンガスを混ぜた車は排気ガスの量を劇的に減らせることもわかったのです。私も実際にそのガスを使用した車に乗せていだたきました。普通の車と何ら変わりなく走行できて、環境によいのですから言うことなしです。

　こうしてエコな製品を発明した大政博士の使命感をさらに駆り立てたのが、2011年の東日本大震災での福島第一原発による放射能汚染でした。博士が考案した技術を使うと、放射性物質の放射線量をわずかなものに減らせることがわかったのです。

レアメタルを生み出すことも可能な技術

　その技術はさらにもうひとつの可能性ももっていました。水の中の成分に元素変換を起こし、プラチナほかの金属元素を生み出すことができるのです。そして次々と現在の元素表にない元素が

出てくるそうです。そうなるともうプラチナや金などはレアメタルでなくなってしまうのです。

　話だけ聞くと、どれも夢物語で眉唾ものと思えることでしょう。しかし、私がその話にうなずいたのには訳がありました。無農薬のリンゴ栽培で有名になった木村秋則さんが著書『すべては宇宙の采配』中、宇宙人と出会ったくだりで、地球では元素がまだ110ほどしか見つかっていないけれど、宇宙では200以上あるんだぞといった話をされていました。人類未発見の元素が今後どんどん出現すると示唆していたのです。

博士の開発した不思議な水の効果を体感

　そうした視点からすると、大政博士の研究は実は時代をはるかに先取りしたものなのではないかと思えてくるのです。また、博士の発明の中にはひかりの水（αトリノ水）というものがあります。それは透析が必要な腎臓疾患をもつ人でも、その水によって血液を新しく変えられるもので、大政博士は出資者を募り、その水を治療に用いる病院を作ることになったと話していらっしゃいました。大塚先生のお母様が病気で入院後の自宅療養時にも、このひかりの水を飲ませたら低かった脈泊数がぐっと上がった、床ずれの症状も改善された話も伺いました。そして、この私自身の身体でも試してみたいと、2017年の夏からひかりの水を飲み始めました。するとなんと3カ月で胃のポリープが消滅したのです。

220

目に焼き付いている広島の原爆投下

　本業だったメッキ加工の仕事を通してこの機械が誕生し、この機械が描く未来に夢中になり、博士はこの事業に全身全霊を傾けているそうです。その思いには幼少期の体験も後押ししているようです。博士は6歳の時に愛媛県の自宅から、広島へ投下された原爆によるキノコ雲を見ていました。その自分が放射性物質の無害化技術を発見したことに歴史の巡り会わせを感じていらっしゃいます。

　この技術が応用されれば、核兵器を無害化させたり、台風を未然に消滅させたりすることもできると博士は述べています。理論物理学者のカク・ミチオ博士（アメリカ人）も、22世紀には人間は天候をコントロールできるようになると予測しています。そして放射性物質無害化技術については京都大学の研究者が証明に取りかかる動きが出てきていて、論文を発表しています。　一日も早く大政博士のこの技術が実用化されることを心から願っています。

　アミの本の中に「科学の水準が愛の水準を上回ったとき、その文明は崩壊する」とあるのですが、原子爆弾、原発は、まさにその警告を指すものと言えるでしょう。我々の時代でそれに対する手が打てるのであれば……。私はジョン・レノンの『イマジン』の世界を思い、この夢が実現することを願ってやみません。

厚意を受けた後の礼儀

　最近、ビジネスの場面以外では、日本人であっても「ありがとう」や「すみません」を言うことが少なくなったと感じるのは私だけではないと思います。

　取り立てて世話を焼いているという思いはないのですが、学生たちや知り合った人たちの相談に乗ったり、機会を提供したりしたときに、その場では相手から感謝の言葉をいただくものの、その後、翌日になってもメールのひとつもないのは、なんとも寂しいものです。もちろん電話や手紙でのお礼など必要ないですが、メールくらい簡単なことではないかと思うのです。

　北米の人たちには帰宅後まで感謝のメッセージを送る習慣がないのは承知していますが、日本人の文化の中にはそうした礼儀がしっかりとあると思うのです。それが最近薄れているのを感じます。それを声を大にして伝えたく思います。

年長者たちの期待

　高校生だった長男がカナダから友達を連れて、母親の日本の実家に行った時のことです。ひとしきり日本の家族に世話になった彼らが帰った後、長男にとっての祖父がこう言っていたと妻から聞きました。

　「帰る時には『ありがとう』と言ったけれども、カナダに帰ってから礼のひとつもない」

日本人独特の感覚かもしれませんが、やはり厚意を受け取ったら、もう一言のメッセージがあってもいいと思うのです。

　ある時、私が年上の方にお目にかかった日に、もう寝なくてはと布団に入ったものの、「いや、今日のうちにお礼を」と、布団の中からメールしました。すると朝にはもう返事が来ていたのです。「ああ、メールを送ってよかった」と胸をなでおろしました。

礼儀の認識を
　人と会って話をしたら、そのあとにお礼のメッセージを送るというのが、礼儀の基本だと思います。ましてや自分からアドバイスをお願いするなどして、その返事を受け取っておきながら、何の返信も送らないというのはいかがなものでしょうか。「あれどうなった？」と聞かれる前に、しかるべき報告を入れるべきではないでしょうか。

　そうしたやり取りを真心を込める必要のない、形だけのものだと軽んじているのかもしれませんが、空気を読むのが得意な日本人であれば、相手の心情を察した、礼儀をもった接し方を私は望ましく思います。

ジャパニーズスマイルを忘れずに

日本人の特徴

　昔、と言っても私が留学をしていた 1970 年代は、中国人、韓国人、日本人……アジア人が皆一緒に見えてしまう中、日本人を見分ける方法と言えば、服装がおしゃれか、きれいかどうかでした。でも最近はどのアジア人も服装がおしゃれで見分けることが難しくなりました。

　また私が高校の頃から聞いていた、英語圏の人たちが挙げる日本人の特徴に「ジャパニーズスマイル」がありました。「日本人は理由もなく、いつもニコニコしている」と言うのです。その話を聞いた時は、何だか変な国民だなと感じていました。でも今になってみると、昔の日本人がニコニコしていたことを肯定的に思えます。どことなく穏やかな表情をしている、それが日本人を他のアジア人から見分けるひとつの方法だったのだと思います。

　しかし最近日本の人たちは、私の目には無表情で、ツンツンしているように映ります。身内にはにこやかでいるのでしょうが、外の人に対しては冷たくと、内と外を使い分けている印象です。そんな人たちの中で、たまにニコニコしている人を見かけると、「この人どこが楽しいのかな？」と気になります。皆がもっとオープンになって、作り笑いでもいいからニコっとして、周りの気分も明るくするよう努めてほしいものです。

日本人が世界に誇れること

　日本人は他のアジア人に比べて比較的言葉数が少なく、静かながら、「すみません」や「ありがとうございます」は頻繁に言っているものです。ぜひこれをもっと英語でも使うべきだと思います。特に Thank you はマジックワードです。

　北米に長く住んでいて心から思うことがあります。ニコニコと接すること、日本人であること、そのどちらもが、相手からの尊敬の眼差しにつながるということです。

　日本人が世界で尊敬の対象になる理由は何かと思いを巡らせてみると、すぐに思い出す出来事が二つあります。ひとつは 3.11 の東日本大震災の際、被災地で水が配給となった時、「我先に」と行動する人がいなかったことです。

　もうひとつは 2014 年のサッカーのワールドカップのブラジル大会。ここで日本がコートジボワール代表との戦いに負けて悔しい思いをしながらも、日本の観客の人たちはスタンドのゴミを拾って帰ったという話があります。どちらも世界から絶賛されました。

行き届いた清掃と公共の精神

　日本に関しては、街にゴミが落ちていないことも他の国の人からの高い評価を受けています。庶民の行動のせいなのか、行政の下

での清掃員の仕事ぶりのおかげなのかはわかりませんが、他国に比べてきれいだと思います。何十年か前の日本は、そんなにきれいではなかったと記憶しています。

　一昨年、息子の所属するカナダのベースボールチームの親善試合で日本に行った時のことです。子どもたちがスナックなど食べて、ゴミを捨てようと思ったところ、その泊まった宿舎にゴミ箱がなかったのです。聞いてみると、「ゴミは皆さんでお持ち帰りください」ということでした。ずいぶんと公共道徳が行き届いているものだと感じました。
　小中学校では放課後の掃除を生徒たちが行うことも、日本が世界に誇れることとして知ってもらえたらと思います。

いずれ来る別れ

ベト山内氏の最期

　今まで私に影響を与えた人物であるベト山内氏の場合、亡くなる日の当日、夜8時半に起きて歯を磨いていたと言います。死の準備をきっちりしていたのだと思います。また彼は一度死にかけた時に、自分が乗る飛行機を探して右往左往してしまったけれども、その後、宗教を得て、「何に乗ってどこへ行ったら良いかがわかった。お前もしっかり準備しておけよ」と私に諭しました。

北岡氏の最期

　北岡氏は、ガンの手術を10回ほども経験した方でした。あるときベト山内氏がこう言っていました。

「おい、あの元気な北岡がカメラを持ってきて、みんなの写真を撮り出してたぞ。気持ち悪いよな。死んじゃうんじゃないか?」

　それが彼の死の1年前でした。やはり自らの死を予期して準備をされていたのだと思います

　私がベト山内氏から北岡氏に引き合わせてもらった時のことです。部屋に通されて初めてお目にかかった北岡氏は、品の良い表情でお酒を飲みながら、グラスのコースターの裏に何か書かれていました。

「縁側に座り日向ぼっこをしながら、走馬灯のように浮かんでくる人生の思い出のひとつひとつを良かったなと笑顔で振り返りな

がら死んでいきたい」

　そうした言葉でした。当時の北岡氏が今の自分のような年で、私自身はまだ30代でしたから、「ああそうなのか」とわかったような気持ちでいながらも、まったくわかっていなかったと思います。北岡氏は死を覚悟しながらも、亡くなる日の朝も病院でミーティングを行うような攻めの人生を送っていらした方でした。

死を目前にしてのパーティー

　自分の身近では、兄の奥さんの祖父が自分の死ぬ日を予言して、その日に亡くなったという話を聞いていますが、そうした死をはっきり意識して行動していた方のひとりに、オーストラリア・ゴールドコーストの近藤藤太（トウタ）さんという方がいらっしゃいました。生前にぜひお会いしたかったのですが、いたずらに年が過ぎてしまって願いはかなわずでしたが、近藤さんの書いた本から彼が亡くなる2週間前に盛大なパーティーをしていたことを知りました。日本にはそんな習慣はないですが、そこで招かれた現地の人たちは、死ぬ前にパーティーを行うのが日本の習慣なのだと理解されたようです。

　ともあれ、そのパーティーで、「死を迎えようとしている自分をとにかくみんなで祝ってくれ」という気持ちが近藤さんにあったようです。そのパーティーの場で近藤さんは、ガンで体が弱っていたにもかかわらず迫力あるスピーチをしたといいます。

その近藤さんの姿勢に倣って私も、もし仮に予期せず死ぬことがあったら、湿っぽく泣いたり悲しんだりすることなしに、みんなで「あいつ、幸せな奴だったな」と祝ってもらえたらと思います。ずっと好きなことをやって生きてきた自分の人生ですから、そうしてもらいたいと。そうすれば未練も何もないかなと思います。

　その私が希望する具体的な祝いの場のイメージを次にお話ししたいと思います。

新しい別れのセレモニー

　会場にはピアノ演奏によるビートルズの名曲、"In My Life" が優しく流れている。遺影は故人のお気に入りのカッコイイ写真、祭壇の花は彩りにあふれたガーベラ、出される食べ物はもちろん寿司。次々と流れる曲は本人が選んだパシャベルの『カノン』、サンサーンスの『白鳥』、バッハの『主よ、人の望みの喜びを』。喪服を着ている人は誰もいない。参加者は色とりどりの服装をしている。

　セレモニーが進むなか、故人が好きだった映画 "Mr. Bean" の歯医者でのエピソードが映し出される。参加者たちは不謹慎と感じながらも笑いをこらえることができない。そしてフィナーレで故人が生前に録画してあった旅立ちのメッセージが映し出されてお開きとなる——。

　カナダ校立ち上げの相棒エド・ユーラや、野口会長に私を紹介してくださった坂井さん、ハワイに遺骨を持っていき、散骨した恩師ベト山内、友人のサトミが亡くなり、自分自身、この世界を離れるときのことを考えるようになりました。

自分の望むスタイルで

　世間では死の話題を忌み嫌う傾向があります。ですが、死んだ人

がアンラッキーなわけではなく、誰にでも死は訪れますから、逆に祝うべきものなんじゃないかという気がしています。そんな風に言い出すと、何をふざけた考えを、という人もいるでしょう。でも人生の最期を終え、あちらの世界に旅立つ時、温かく送り出すセレモニーがあれば、それは自分自身にもしてほしいですし、人にも行えたらと思うのです。

　また日本では、普段宗教を信じていなくても、何か宗教的な形で葬儀をしなくてはと考えている人が多いと思います。せっかくそうしたセレモニーを行うのでしたら、あらかじめ自分自身でお別れの式のスタイルや内容を選ぶのはどうでしょうか。

　たとえば飾る遺影にしても、よくあるエアブラシできれいにした写真ではなくて、故人のいきいきした姿の写真があったらいい。それは何枚あってもいいでしょうし、映像でもいいと思います。花も白い花でなく、赤いバラ一色でもいいでしょう。料理や音楽もみな、故人の愛したものに囲まれて、故人について語り合えたら理想的です。たとえば盆栽が好きだった人でしたら、盆栽を飾ったりすれば、故人の思いに触れられることと思います。

　私自身にとってのセレモニーは、冒頭に書いたような華やかで楽しい雰囲気の会を希望します。ぜひ皆さんに対して自分自身

から映像でメッセージを送りたいですね。「そんな悲しい顔で泣かないでくれよ」と。そして実際に笑ってもらえたらいいんじゃないか。そのため会場では、私の好きな "Mr. Bean" の映画の、みんなが笑ってしまうようなシーンを流せたらいいなと本気で思っています。

故人が存在することを前提に

ところでよく臨死体験をした人が、意識が自分のからだを離れて自分自身の姿を上から見ていたと語っています。繊細な感覚をもった私の姪っ子も、父の葬儀の時に「棺の上の方からおじいちゃんがニコニコしてみんなを見ているよ」と言っていました。ですので、セレモニーでは故人が今その会場にいることを前提として、その故人の存在を含めた会とすることを提案したいと思います。かつてはどの民族の葬儀にもそうした前提があったのでしょうが、最近は形骸化しているように見えます。

そこでは存在する故人に寄り添うように、皆で瞑想するなど、自由な発想で、集まった人が参加できる催しがあってもいいと思います。

また葬儀だけでなく、あのものものしい霊柩車についても、もっと明るく温かい印象にできたら、故人を囲む人たちの心も和らぐことでしょう。

私の恩師であるベト山内氏のお別れは、遺言に沿ってハワイで行いました。親しかった人たちがワイキキの海辺のカヌークラブに集まり、遺骨にひとりずつ声をかけていくのです。その後、海に遺骨を撒くために沖に漕ぎ出したカヌーを、岸辺にいる友人たちがアロハオエを歌って見送りました。それはとても温かい場になりました。

　このベトのときのように「あの人、いい人生を送れてよかったね」、そうした感想の生まれる人生最大のセレモニーにしようではありませんか。私自身、このような別れを望んでいますし、私と同じような考え方の人たちのために、新しいお別れの在り方をぜひ提案したい、そう心から思っています。

著者プロフィール

サミー高橋

　1974年、関西大学法学部を卒業後渡米、カリフォルニア州立大学フレズノ校言語学部にて英語教授法を専攻し、卒業後に帰国。日本の複数の英会話スクールで勤務した後、1991年、日本の大手英会話スクールのカナダ・バンクーバー校立ち上げに志願し、カナダに移住。その後、会社の経営不振を受けて、カナダ校も閉鎖に追い込まれるが、自分の夢である学校の存続への切望と努力の先に思いがけぬ展開をみる。

　1994年、バンクーバーに新たな英語学校を設立。その後、同国ビクトリア、トロント、オーストラリアのシドニー、ブリスベンに直営校を展開したが、リーマンショックのあおりを受けて経営難に。会社は手放したが、英語教育界で仕事を続け、現在はグローバル・サヴィー・エデュケーション社の代表を務めると同時に、英語学校インターナショナルハウス、バンクーバー校、ウィスラー校、サンディエゴ校のシニア・エグゼクティブ・オフィサーを務める。

　「いかなる状況においてもポジティブに考えよ」が持論。学生には「大いに生意気であれ、しかし礼儀を忘れてはならぬ」と教え、自由な立場からグローバル人材の育成に当たっている。

イン・マイ・ライフ
In My Life

サミー高橋
Sammy Takahashi

Meiso Canada Publishers

CPSIA information can be obtained
at www.ICGtesting.com
Printed in the USA
LVHW081546150319
610804LV00017B/327/P